Selma & Sigge
feiern

mit bezaubernden Styling-Ideen,
feinen Rezepten und
ausgefallenen DIY-Projekten –
manchmal auch mit Goldrand …

Cecilia Hallin & Malin Leijonberg

Inhalt

Frühling

Morgendämmerung – Zeit zum Genießen! 8

Frohe Ostern – Bunte Schals, Eier und Kerzen 20

Nesseln & Farn – Frühlingsfest im Garten 30

An unserem Bach – Murmelndes Wasser und duftige Spitze . . . 42

Ein Traum – Die Melodie des Lebens 50

Sommer

Ein Juniabend – Wenn der Sommer am schönsten ist. 62

Fliegende Teppiche – Unser orientalisches Abenteuer 80

Graffiti – Etwas Farbe ins Leben! 94

Sommergarten – Gartenfest im Sommergewand 104

Herbst

Erntezeit – La Vie en Rose 122

Skagen – Kaputte Porzellanfiguren und Opas Gardinen 140

Frühstück am Meer – Elfentanz & Erdbeersaft 156

Birkenwäldchen – In einer Traumwelt 168

Winter

Winterzeit – Klirrend kalte Mittwinternacht 183

Geschenke verpacken – Weihnachtsfreude, Weihnachtszeit . . 194

Lesezirkel – Bücher und Zylinderhüte 208

Weihnachten bei uns zu Hause – Federn und Glitzerkristall . . 221

Kling Glöckchen – Kandelaber und Metallgeklimper 233

Semmeldagen – Ein typisch schwedischer Festtag 240

Rezeptregister 246

Willkommen bei Selma und Sigge!

Willkommen bei Selma und Sigge! Die beiden Damen sind fiktive Gestalten – Alter Egos der Autorinnen Malin Leijonberg und Cecilia Hallins, wenn man so will. Selma und Sigge begleiten Sie auf ihre pfiffige, verschmitzte Art durch dieses Buch voller inspirierender Bilder, Bastelideen, Rezepte, Gedanken und cleverer Einfällen rund um den gedeckten Tisch und darum, wie man sich den Alltag mit wenigen Mitteln vergolden kann.

Selma und Sigge sind zwei lebensfrohe Damen im allerbesten Alter. Sie ziehen alle Register und pfeifen auf Konventionen; sie holen sich ihre Ideen aus den aktuellen Trends und setzen diesen ihren ganz eigenen Stempel auf. Selma und Sigge haben die Gabe, aus dem Fundus ihrer eigenen Wohnung und mitten im grauen Alltag üppige Gerichte hervorzuzaubern und prachtvolle Feste zu feiern, mithilfe ihrer übersprudelnden Kreativität und einer guten Portion von Fingerspitzengefühl und Finesse.

Sie nennen sich nach den großen schwedischen Schriftstellerinnen Selma Lagerlöf und Sigge Stark. Denn Selma und Sigge lieben lange Abende mit Büchern, Whisky und intensiven Gesprächen; sie umgeben sich mit Freunden aller Altersgruppen und machen das Beste aus dem, was gerade zur Hand oder im Schrank ist oder was sich in der freien Natur so finden lässt.

Selma und Sigge finden stets neue Verwendungen und unerwartete Kombinationsmöglichkeiten für altbekannte und vertraute Dinge und genießen überhaupt das Leben in vollen Zügen. Sie scheuen nicht davor zurück, unbequeme Wahrheiten auszusprechen, wenn es nötig ist, doch sie sparen auch nicht mit Ermunterungen und Komplimenten. Kein Ereignis ist zu klein oder zu groß, um ihm nicht einen goldenen Rahmen zu verpassen und es damit unvergesslich zu machen.

Wir lernen von Selma und Sigge, aus Wenigem viel zu machen und jede Minute unseres Daseins zu genießen – denn wir sind die Schöpfer unserer eigenen Realität und daher ist nichts unmöglich!

Selma, die Autorin und Gestalterin, und die Fotografin Sigge laden Sie dazu ein, sich nach Herzenslust bei den hier vorgestellten Ideen und Projekten zu bedienen. Wir haben zusammen ein Buch gestaltet, in dem Sie hoffentlich immer wieder mit Vergnügen blättern, entweder auf der Suche nach Ideen für Rezepte und Dekorationen oder einfach nur, um sich an den zauberhaften Fotos, Geschichten und Anekdoten zu erfreuen und der Seele ein wenig Pause vom Alltagsstress zu gönnen.

Willkommen in der bunten Welt von Selma und Sigge – lassen Sie sich verzaubern und suchen sich das Beste davon heraus!

Morgendämmerung

Es ist früh am Morgen, tanzende Elfen weben einen feinen Nebelteppich über Bach und Wald und die Vögel beginnen die dunkle Nacht hinweg zu singen. Morgenstunden wie diese sind rar und ich gelobe mir dann jedes Mal, von nun an öfters, am besten jeden Tag, um halb fünf Uhr morgens aufzustehen, um das langsame Erwachen des Tages mitzuerleben ... Doch wenn dann einmal in aller Frühe das Telefon klingelt, fühlen sich die warmen Kissen doch viel zu verlockend und die Decken viel zu kuschelig an.

Um ehrlich zu sein, sind Sigge und ich eigentlich Nachteulen. Wir lieben es, morgens so lange wie nur möglich auszuschlafen. Doch wenn draußen auf dem Meer die Wolken wie Elfen tanzen, wenn es so still ist, dass man hören kann, wie die Blätter miteinander flüstern, dann ist man am Ende doch froh, dass man sich morgens in aller Herrgottsfrühe aus dem Bett gequält hat. Das Magische an diesem Morgentermin ist, dass er fern vom Schreibtisch und seinen Zwängen stattfindet. Denn eigentlich lockt nichts meine Kreativität und Effektivität stärker hervor als frühe Morgenstunden.

Am Rande der kleinen Ortschaft, in der wir wohnen, dort, wo die kleine Brücke über den Bach das Naherholungsgebiet vom Badegebiet trennt, gibt es eine kleine Lichtung mit einem fantastischen alten, von Wind und Wetter verwitterten Steintisch.

Diesen Morgen mit seinem feinen Nebel aus Engelsschwingen über dem Meer und einer Ahnung von Regen in der Luft hatten wir uns ausgesucht, um ein Thema so zu inszenieren, wie wir es oft tun, wenn wir Hochzeiten ausrichten, mit feinem Porzellan und Rosen in allen Formen, Größen und Farben, mit Liebe und Romantik als Leitmotiv.

Ein Thema, das allzu oft ein wenig banal und abgegriffen wirkt, obwohl es doch im Grunde genau das ist, das die Welt zum Leben erweckt, zum Erglühen, zum Lieben und Hassen bringt.

Für mich wird Romantik sehr zu Unrecht oft unterschätzt und verlacht. Das Leben sähe ohne Zweifel anders aus mit mehr Liebespaaren, bunteren Farben und schöneren Formen.

Der Liebe eine Chance zu geben und diese Chance auch zu nutzen, ihr Raum zu gewähren, wirklich genug Raum, um sich zu entfalten – das ist etwas, an dem wir alle arbeiten sollten, und zwar jeden Tag. Es geschieht so schnell, dass der Beruf, das Müssen und Sollen, das Hinterherjagen von Trends und das Zeit totschlagen mehr Raum einnimmt als die Liebe – die Liebe zum Leben, zu den Freunden, zur Musik, zur Familie und zum Lebenspartner ...

Ich bin nun einmal ein Überbleibsel aus der guten, alten, rosenumrankten Zeit und so genieße ich es mit ganzem Herzen, wenn ein Tisch liebevoll — mit Liebe und aus Liebe — gedeckt wurde. Stehen Sie doch auch einmal in der Morgendämmerung auf und schauen zu, wie die Elfen tanzen!

Mein erster Flohmarktkauf — in Malmö, vor 25 Jahren ...

Leuchtend orangefarbene Tassen mit goldenen Henkeln! Sind sie nicht wunderschön? Sie haben mich durch mehrere Umzüge und viele Lebensstürme hindurch treu begleitet. Doch dann fand ich, dass ihnen noch etwas fehlte, das gewisse Augenzwinkern, das die Stimmung hebt und Festen ein wenig extra Glanz verleiht, denn mit einem Schmunzeln bringt man einfach alles besser auf den Punkt! Also griff ich zu Pinsel und Porzellanfarbe — und nun beginnt jeder Morgen mit einem fröhlichen, verschmitzten Lächeln!

Nutzen Sie das, was die Natur zu bieten hat — füllen Sie Vasen und Gläser mit Farnen, Wildpflanzen und anderen Herrlichkeiten. Vogelbeerzweige in Flaschen und Omas alten Kaffeekannen sorgen für Höhe und Struktur auf dem Tisch.

Es ist wunderbar, die Gedanken auf Reisen zu schicken. Alte Stoffdrucke und nostalgisches Bauernsilber entführen uns in eine Fantasiewelt jenseits von Zeit und Raum.

Füllen Sie Glasvasen vom Flohmarkt etwa zu einem Drittel mit Silber- oder Goldfarbe. Dann so lange schütteln, bis sie innen ganz mit Farbe bedeckt sind. Die überflüssige Farbe ausgießen — und fertig. Das Ergebnis sieht echtem Bauernsilber ziemlich ähnlich!

Solche Gläser und Vasen, egal, ob echt oder selbst gemacht, sind jedoch nur zur Dekoration geeignet — niemals für Lebensmittel oder Getränke!

platzanweiser

Diese herzigen „Tischkarten" bestehen aus Salzteig. Dafür zu gleichen Teilen Mehl, Wasser und Salz verkneten und die gewünschten Formen ausstechen. Die Namen der Gäste mit einem Holzstäbchen in den Teig ritzen und das Loch für das Blümchen nicht vergessen. Da Sigge und ich Flitter über alles lieben, wurden hier die Kanten noch zusätzlich versilbert. Bei 150 °C im Backofen aushärten oder an der Luft trocken lassen.

Frohe Ostern

Ostern ist doch das schönste Fest des Jahres, finden Sie nicht? Es ist genauso schön wie Weihnachten, doch ohne all den Stress und die Pflichten der Vorweihnachtszeit. Ein Fest, an dem man noch ganz einfach entspannen und die gemeinsame Zeit mit der Familie genießen kann, ohne sich wochenlang vorher Gedanken über den Adventskalender und die richtigen Geschenke machen zu müssen.

Zu Ostern dekorieren wir mit farbenfrohen Tüchern, hübschen Vögeln, bunten Eiern und Porzellan vom Flohmarkt und aus Omas Schrank. Dieses Jahr haben Sigge und ich uns allerdings ein paar neue Teller gegönnt, um genau die Osterstimmung zu erzeugen, die wir so lieben. Wir servieren den Osterschnaps aus der nostalgischen Flasche aus den 1920er-Jahren und prosten uns zur Musik von Cyndi Lauper's „Girls just wanna have fun" zu. Lieblingslied überhaupt! Spaß zu haben und sich selbst und anderen von Herzen alles erdenklich Gute zu gönnen ist genau das, was ich vom Leben will. Wonach steht Ihnen der Sinn? Worauf warten Sie? Tun Sie es einfach!

Aus bunten Seidenschals und Halstüchern kann man die allerschönsten Tischdecken nähen. Unsere liebe Freundin Margit Leijonberg konnte während einer Parisreise bei einem Besuch im Künstlerviertel einen ganzen Sack alter Schals ergattern. Da Sigge und ich leidenschaftlich gern schöne Dinge aus alten Sachen zaubern, durften wir uns aus dem „Seidensack" bedienen. Und wie Sie sehen, haben wir daraus nicht nur das Tischtuch, sondern auch unsere prachtvollen Gewänder genäht!

Ziegenkäsedip

Das Rezept für diesen einfachen, jedoch überaus leckeren Aufstrich haben wir vor vielen Jahren von einer Frau aus Kiruna in Lappland bekommen. Sie ernährte sich überwiegend von Puffreis mit Schwedenmilch, doch ab und zu gönnte sie sich diesen leckeren Ziegenkäsedip zusammen mit gerösteten Kartoffelecken.

Sie brauchen dafür 300–400 ml Crème Fraiche und 150 g geraspelten Ziegenkäse in der gewünschten Geschmacksstärke und Konsistenz sowie eine fein gehackte rote Zwiebel. Alle Zutaten gut verrühren und zu frischem Brot servieren.

Tapenade

150 g Oliven ohne Steine
4 Sardellenfilets
1 große Knoblauchzehe
Etwas Olivenflüssigkeit

Etwas Öl aus der Sardellendose – lieber weniger als zu viel, denn das Öl ist intensiver im Geschmack als man erwarten würde!

Alle Zutaten fein hacken und gründlich miteinander verrühren. Zu frischem Brot servieren.

Diese Tapenade schmeckt auch ausgezeichnet zu Fleisch- und Fischgerichten. Ich selbst bestreiche damit gern kalt geräucherte Lachsscheiben und rolle diese dann auf.

Matjes

Für dieses Rezept brauchen Sie schwedischen Steinbeißerrogen aus dem Glas (oder einen guten Kaviarersatz wie deutschen Rogen oder Lachsrogen), Crème Fraiche, eine rote Zwiebel, ein Bund Dill und frische Matjesfilets.

Dill und Zwiebel fein hacken und den Matjes in grobe Würfel schneiden. Alle Zutaten in einer Schüssel gut verrühren und mit Knäckebrot servieren. Dazu schmeckt auch eine Scheibe geräucherter Lachs!

Ein Bund grünen Spargel in Salzwasser so lange kochen, dass er noch etwas Biss hat. Dann kurz in Butter anbraten und mit geriebenem Parmesan servieren.

Tipp!!

Marinade

Alle Zutaten für die Lamm-Marinade gut verrühren und die Koteletts damit einpinseln. Noch besser ist es, die Marinade mit den Händen in das Fleisch einzuarbeiten. Oder man gibt Fleisch und Marinade zusammen in einen verschließbaren Plastikbeutel und stellt das Ganze für ein paar Stunden oder über Nacht in den Kühlschrank.

2 EL Olivenöl
2 EL Balsamicoessig
1 EL Sojasauce
2 EL Kaffee
Salz und Pfeffer
2–3 Knoblauchzehen, leicht zerdrückt
6 frische Rosmarinzweige

Plündern Sie Garten und Blumentöpfe und verteilen Sie kleine Glasvasen oder Flaschen mit Osterglocken oder Narzissen locker über den ganzen Tisch. Sehr schön ist auch eine Vase für jeden Gast.

je mehr Vasen, desto besser!

Tischdeko selber machen

Alte Bücher mit Abbildungen von Pflanzen oder Vögeln findet man mit etwas Glück beim Trödler oder auf dem Flohmarkt. Frida kam auf die tolle Idee, einzelne Motive entlang der Konturen sorgfältig auszuschneiden und sie zu dreidimensionalen Arrangements zusammenzustellen. Man kann sie ins Fenster hängen oder wie hier als superschöne Tischdekoration verwenden. So einfach wie zauberhaft — wenn man über die nötige Portion Geduld verfügt!

Die Motive sorgfältig ausschneiden

Eier kann man prima mit Lebensmittelfarbe färben. Einfach einen Spritzer Farbe und 2 Esslöffel Essig in ¼ Liter kaltes Wasser geben und die noch heißen, hartgekochten Eier für etwa 5 Minuten hinein geben.

Warum nicht auch die Kerzen bunt zusammenwürfeln? Ich habe das zuerst vor einigen Jahren bei einem befreundeten Designer in Kopenhagen gesehen. Seine Wohnung war eher spartanisch eingerichtet, aber die kunterbunten Kerzen sorgten für eine wunderbar fröhliche, spielerisch-leichte Atmosphäre!

Rote Lebensmittelfarbe = Rosa Eier

Ein fröhlicher Farbenmix

Kunterbunte Ostereier

Wenn Sie die Farben der Tischdekoration auf die Farbe der dargebotenen Leckereien abstimmen, schlagen Sie gewissermaßen zwei Fliegen mit einer Klappe!

Halsöffnung

Seidentücher zusammennähen
8 Stück

Die Ärmel bestehen aus bunten Hosenbeinen!!

Frida Blom ist nicht nur aktives Mitglied bei Tjejjour.se, einer Hilfsorganisation für junge Frauen und Mädchen, sie bringt auch Gedichte und Gedanken mit leichter Feder zu Papier und versteht sich überhaupt als Fürsprecherin von viel mehr Farbe im Leben.

Frida nimmt kein Blatt vor den Mund, wenn es darum geht, auf Unrecht und Missstände in unserer Gesellschaft aufmerksam zu machen, und zwar im Großen wie im Kleinen. So nimmt sie nicht nur an Demonstrationen und Kunstprojekten rund um die Rechte von Frauen teil, sondern scheut sich auch nicht, z. B. Herausgeber von Postkarten mit antiquierten oder sexistischen Frauendarstellungen direkt zur Rechenschaft zu ziehen.

Denn es ist nicht weniger wichtig, ein paar beleidigende Postkarten aus dem Verkehr ziehen zu lassen, wie für die großen Fragen der Gesellschaft auf die Barrikaden zu gehen — nach der Devise, dass ein Sandkorn allein noch keine Wüste macht, doch dass es nun mal keine Wüste ohne Sandkörner gibt!

Frida

Als unser Nachbar auszog, erbten wir sein altes Bidet, doch leider war dafür in unserem Badezimmer nicht genug Platz. Nun steht es draußen im Garten und wird je nach Lust und Laune mit Rosen und anderen Blumen bepflanzt.

Statt Tischtuch nehmen wir gern grüne Zweige und Blätter aus dem Garten. Hier sorgen frische Wurmfarnblätter für eine üppig-grüne Frühlingsstimmung.

Nesseln & Farn

Im Frühling dreht sich alles um Lust und Liebe. Ich bin eigentlich in jedem Frühling verliebt: Verliebt ins Leben, das neue Grün, das knackfrische Essen, meine Freunde — und überhaupt alles. Es ist immer wieder ein Gefühl der Befreiung, wenn die Knospen endlich sprießen und das frische Grün auf den Astspitzen der Bäume zu schimmern beginnt.

„Es tut schon weh, wenn die Knospen zerspringen" schrieb Karin Boye — und es ist wahr: All diese Schönheit ist auch zerbrechlich, so brüchig wie Blätterteig und so zerbrechlich wie die Liebe.

Jedes Frühjahr nehme ich mir vor, gesünder zu leben und lange Spaziergänge und rauschende Wasserfälle zu genießen; jedes Frühjahr ist unser Haus zum Bersten voll mit frischen Frühlingsblumen; jeder Frühling fühlt sich ganz einfach an wie der Beginn, das allererste Knospen von etwas Schönen.

Hinter unserem Sommerhaus steht ein kleines, aus alten Fenstern mit und ohne Scheiben zusammengebautes Gewächshaus, an dem draußen Kletterrosen empor ranken und in dem sich drinnen ein Sammelsurium an Gartengerätschaften und allerlei schönen Dingen zusammendrängt.

Diese Seite des Hauses ist ein absolut wunderbarer Platz für eine Mahlzeit im Freien — doch wenn ich ganz ehrlich bin, ist das Wetter selten gut genug dafür. Doch was macht das schon — wenn das Wetter umschlägt, trägt man die ganze Herrlichkeit einfach ins Haus und genießt dort weiter!

Heute haben wir es einfach einmal riskiert und den Tisch draußen auf unserer „Rosenseite" gedeckt. Machen Sie es uns nach — schlagen Sie alle Bedenken in den Wind und genießen die romantische Frühlingsstimmung im Garten!

Die Idee für diese Tischdekoration kam uns, als dem kleinen Wasserfall im Bach vor unserem Haus einmal ein Eisbart gewachsen war, der Väterchen Frost alle Ehre gemacht hätte.

Wie könnte man diesen klaren und gleichzeitig so verschwommenen Glanz wiedergeben? Natürlich: Mit transparenter Blumenfolie! Wir haben jedes Gedeck einzeln in Folie verpackt und oben zusammengebunden. Da die Brennnesselsuppe sowieso kalt gegessen wird, haben wir sie hier gleich mit aufgedeckt!

Beim Anblick des nickenden lila Kaninchens kommt mir der goldbraune Wackeldackel in den Sinn, der auf der Hutablage des ach so coolen goldfarbenen Volvos — mit elektrischen Fensterhebern! — meines Großvaters saß. Das war 1973, ich war noch sehr klein und hatte eine andere Vorstellung von cool — daher muss ich bei nickenden Dackeln immer an James Bond denken!

Etwas Crème Fraiche kann nie schaden!

Welcher Aperitif?
Egal — Hauptsache Grün!
Wir haben unseren Gin & Tonic
mit einem Tropfen Lebensmittelfarbe
passend eingefärbt.

Brennnesselsuppe

Meine Mutter kochte diese Suppe oft, als ich klein war – doch ich muss zugeben, dass ich sie erst im fortgeschrittenem Alter wirklich zu schätzen lernte. Heute erinnert sie mich an Frühlingstage und sonnenbeschienene Treppen, und ich esse sie, weil ich sie mag und nicht nur, weil sie so gesund ist.

Sie brauchen dafür etwa 5 Hände voll junger Brennnesseln. Die holzigsten Teile der Pflanzen entfernen und den Rest in kochendem Salzwasser blanchieren.

Die Nesseln mit Schnittlauch und Crème Fraiche nach Geschmack im Mixer pürieren und wieder in den Topf geben. Unter Rühren weiter kochen und dabei je nachdem, ob Sie es mehr oder weniger cremig mögen, nach Geschmack Brühe oder Sahne zugeben.

Servieren Sie die Suppe in Cocktailgläsern mit breitem Rand und einem halben hart gekochten Ei. Wer es pikant mag, kann noch eine Prise Cayennepfeffer dazu geben, aber im Grunde braucht man hier nur etwas Salz.

Besonders lecker schmeckt diese Suppe auch mit fein gehacktem, knusprig gebratenem Schinken bestreut!

Feta-Ecken

Hübsch angerichtet auf dem Silbertablett sind leckere Fetaecken. Sie sind mit fertigem Blätterteig schnell gemacht.

Die Teigplatten in Quadrate schneiden, mit gehacktem Fetakäse belegen und zu Dreiecken formen. Bei 175 °C auf der mittleren Ofenschiene etwa 15 Minuten backen, bis sie eine schöne goldbraune Farbe angenommen haben.

Lecker zum Aperitif!

Tipp!!

Marmeladenetiketten geben auch prima Tischkarten ab! An Gläsern befestigt ist eine Verwechselung ausgeschlossen ...

Die Eierhälften für den Nachschlag kommen in die Sauciere.

Ein bisschen Patina macht den größten Kitsch zum Kunstwerk! Das herrlich sentimentale Frauenportrait hängt jahrein, jahraus in unserem Gewächshaus und ist inzwischen aufs Prächtigste verwittert.

Wo man sich auch hinwendet ...

Liebe gehört zum Frühling genau wie ... Osterhasen?

An unserem Bach

Mir kommt oft der Gedanke, dass wir im Begriff sind, die Sinnlichkeit ganz zu vergessen. Wir übersehen inmitten unserer hektischen Zeit ganz und gar, dass Sinnlichkeit uns Kraft gibt, den Alltag wieder mit Magie erfüllt und uns insgesamt zu entspannteren, harmonischeren und netteren Menschen macht.

Dass man sich unbedingt auch mitten in der Großstadt eine Oase der Ruhe schaffen sollte, ist daher für mich nicht nur eine vernünftige Idee, sondern eine Selbstverständlichkeit und geradezu eine Pflicht. Ein wenig Zauber dorthin zu bringen, wo er am meisten vermisst und gebraucht wird, ist daher eine Aufgabe, derer ich mich gern annehme.

Wasser hat mich schon immer besänftigt und mit Ruhe erfüllt. Vor Jahren riet mir einmal eine Frau, mich an einen Bach zu setzen, bewusst zu atmen und dadurch Kraft zu tanken … Damals erschien mir das als so ziemlich das Dümmste, was ich je gehört hatte. Doch je älter ich werde, desto klarer wird mir, dass Wasser mich tatsächlich besänftigt, meine Gedanken reinigt und dass es eine Menge sehr viel dümmerer Ratschläge gibt.

Nun gehe ich nicht unbedingt an einen Bach, um zu atmen. Doch ich setze mich gerne in einen Bach – ja, mitten hinein – und esse etwas Gutes, genieße ein Glas Wein und vergolde mir dadurch meinen vielleicht gerade nicht so brillanten Alltag.

Weiß auf Weiß auf Weiß, appetitlich, ruhig und klassisch.

Silbervasen in verschiedenen Größen und Formen, gefüllt mit frischem Grün. Man sollte beim Dekorieren unbedingt allzu große Ebenmäßigkeit vermeiden — Asymmetrie wirkt lebendiger.

Der gehäkelte Bettüberwurf vom Flohmarkt macht sich wunderbar als Spitzentischdecke. Dazu passt weißes Geschirr, Glas und frisches Grün.

In den Zweigen hängen Ballons aus Spitzentüchern, genauer gesagt, kleine Bündel aus mit Tapetenkleister gestärkten Spitzenborten. Einfach und zauberhaft!

Spitzenballon

- Luftballons aufblasen
- Spitzen in Tapetenkleister tauchen
- Die Ballons mit den Spitzen bedecken
- Trocknen lassen
- Die Luftballons entfernen
- Fertig sind die Spitzenballons!

Die Sonnenstrahlen tauchen das frische Grün in den Glasvasen und Spitzenballons in zauberhaftes Licht.

Ein Traum

„So sei gegrüßt vieltausendmal, holder, holder Frühling..."
Ich habe mir schon immer gewünscht, mich zu der Musik, die mir im Kopf herumschwirrt und mich mein ganzes Leben hindurch begleitet und beflügelt, selbst begleiten zu können.

In meinem Traum sitze ich auf einer grünen Wiese und spiele für die frisch erblühte Landschaft um mich herum, für frühlingsgrüne Bäume, umgeben von Vogelgezwitscher und murmelnden Bächen. Musik, gleichsam entsprungen aus der reichen, freundlichen, Blätterpracht, egal ob Chopins Klavierkonzerte oder sommerliche Schlager. Die Musik, die mich durch das Leben begleitet, ist zeitlos, schön, lustvoll, leise und doch erfüllend, erhebend, wunderbar!

Eines schönen Tages, vor ein paar Wochen, um genau zu sein, wurde der Traum für Sigge und mich endlich Wirklichkeit – denn wir ersteigerten auf einer Auktion für unser allerletztes Geld eine tragbare ... nun ja, ziemlich tragbare Orgel! Und nun, wenn die Buschwindröschen in voller Blüte stehen und überall im Garten die Knospen springen, spielt die Orgel auf der Lichtung vor unserem Haus und lädt ein zu einem lustvollen, lebensfrohen Frühlingsfest! Seien auch Sie unser Gast, suchen Sie sich ein Leitmotiv und genießen Sie das Leben, denn es geschieht jetzt – nicht später, sondern genau in diesem Augenblick ... einem Moment von übersprudelnder Lebensfreude mitten in der Natur. Mit oder ohne Orgel.

Wir füllen silberne Kuchenplatten mit Gras und Buschwindröschen – ja, und Erdbeeren, denn wir scheren uns heute nicht darum, dass es noch nicht Erdbeersaison ist, obwohl die saftigen, runden Früchte aus Belgien schon von den Supermarktregalen locken. Na und? Sie kommen auch mit auf die Etageren, bevor wir diese rundherum in die Bäume hängen.

An zwischen die Bäume gespannten Hanfseilen bauschen sich Spitzengardinen sanft im Wind. Wir sitzen unter nostalgischen Paraplüs und trinken Champagner aus Kristallgäsern, schön kredenzt auf der Orgelbar.
    Der Tag ist wie geschaffen zum Genießen. Die Gäste bringen Leckereien in Körben und Kästen mit, jeder nach seinem Geschmack – selbstgebackene Pies oder gekaufte Fleischklößchen, ein Brathuhn oder eine Tüte Chips – wir haben alle verschiedene Geschmäcker und Gelüste und es haben eben nicht alle die Zeit, etwas selbst zuzubereiten. Aber das macht gar nichts, die Hauptsache ist doch, dass wir überhaupt alle zusammenkommen!

Das Wichtigste, das Allerwichtigste überhaupt ist es doch, sich Zeit zu nehmen, um die Jahreszeit, das frische Grün, das Leben und die Freundschaft zu genießen.

Ein Fascinator als Tischdekoration!

Baumschmuck aus nostalgischen Etageren

*Einfach und schön
Mit Schätzen aus der
Umgebung geschmückt*

Alle Vöglein…

*Wehende
Spitzengardinen*

Als wir uns auf dem Grillplatz niederließen, fanden wir ein einsames Rad am Bachufer. Das haben wir natürlich sofort in unsere Dekoration integriert!

Ein Juniabend

„Liebeslied jener Sommernacht hat mir einst alles Glück gebracht ..." Die Erinnerung ist wie das Ende eines Fadens — wenn ich daran ziehe, folgen immer mehr Träume, Gedanken und Erinnerungen nach... Erinnerungen Feste, Treffen mit Freunden, Picknicks und gesellige Sommerabende. Ich sammle meine Erinnerungen wie wilde Erdbeeren auf einem Strohhalm und spare sie mir auf für dunkle Stunden und langweilige und verregnete Tage.

Die Erinnerungen an diesen Juniabend geben mir Kraft und verursachen kleine Freudenschauer, sowie ich daran denke. Es war ein Abend mit Kindern und Erwachsenen, alten und jungen Menschen, so wie es sich gehört — einfach ein rundherum gelungenes Fest! Wir aßen gegrillten Lachs, ummantelt mit dem von mir so geliebtem Speck, und dazu gab es natürlich bunte Salate und Chips.

Nach meiner Erfahrung gelingen spontane Feste am allerbesten — und natürlich die, wo es Essen, Spaß und Spiel im Überfluss gibt. Die Erinnerungen prasseln nur so auf mich ein und ich kann gar nicht oft genug sagen, wie froh ich bin, dass wir einen so bunt gemischten Freundeskreis mit so vielen spannenden und interessanten Menschen haben.

Wenn ich mir die Bilder so anschaue, träume ich mich zurück an diesen Ort und es erfüllt mich mit warmer Freude, dass ich Leila kenne, die verrückte Schmuckdesignerin aus London; die nicht weniger verrückte, doch immer um aller Wohl besorgte Birgitta mit ihren wunderbaren Kindern, den immer etwas zerzausten Pelle und seine Frau Bitte, die nie aufhört zu lachen. Lukas, der immer in Bewegung ist und die fröhliche Musikstudentin Ella, die der Unterhaltung unerwartete und amüsante Wendungen gibt. Die Rhythmiklehrerin Caroline hält uns alle mit ihren Gesang- und Tanzprojekten in Bewegung und Linda und Pontus geben dem Ganzen Farbe mit ihren Spotify-Listen und den unermüdlichen Diskussionen rund um Essen und Kochen.

So ein Picknick im Freien ist wie eine Art von Obstsalat, mit den Gästen als Zutaten, sage ich immer. Gutes Essen und Trinken allein kann keinem Fest zum Erfolg verhelfen, wenn die Gäste nicht durch Offenheit und Freundschaft miteinander verbunden sind. Am besten ist eine bunte Mischung aus verschiedensten Persönlichkeiten, gutem Essen und lebhafter Unterhaltung.

Sigge und ich lieben es, zu feiern, besonders, wenn es dabei etwas verrückt zugeht.

Wie in Pippi Langstrumpfs Garten hängen bei uns Limonadenflaschen und leere Marmeladengläser in den Bäumen. Für eine Hochzeit haben wir dieses Jahr hundert leere Gläser obenherum in Glitter getaucht und als Windlichter an Zweigen über dem Festtisch aufgehängt.

Den pfiffigen Turban hat Clara aus einem Rest knallgelbem Jerseystoff aus den 1970er-Jahren selbst genäht. Er sieht super aus, ohne allzu zurechtgemacht zu wirken!

Auch das Sommerkleid ist sozusagen eine Retro-Neuauflage, der Stoff ist aus den 1960er-Jahren.

Hanfschnur ♡

So trinkt man mit Stil aus der Flasche: Die Etiketten mit alten Buchseiten kaschieren und das Ganze dekorativ mit Bindfaden verschnüren.

Lachs mit Bacon

Birgittas Tochter Elvira konnte sich gar nicht mehr einkriegen vor Begeisterung über das Menü, denn Speck, Lachs und Chips mag sie am liebsten!

Im Weidenkorb servieren wir den herzhaften Kartoffelsalat aus noch warmen gekochten Kartoffeln, Rucola, Tomaten, Fetakäse und Pinienkernen, beträufelt mit Balsamicoessig — einfach und lecker!

Frisches Gemüse als Dekoration

Der mit Speck umwickelte Lachs wird auf dem Lagerfeuer gegrillt. Vom konventionellen Grill schmeckt er eigentlich etwas besser, aber wir lieben es nun einmal dramatisch — und rauchig!

Handtuchserviette

Frischer Kartoffelsalat

Unkraut und Rhabarber

Wir teilen unseren Hinterhof mit vielen interessanten Menschen: mit Fotografen, Forschern, Sportlern — und einer Nachbarin, die Löwenzahnwein braut! Unsere Treffen sind immer ein Obstsalat aus herrlich verrückten Menschen, und alle steuern ihre Lieblingsrezepte dazu bei.

Sigge macht meistens ihr weltberühmtes Flachbrot und ich meine Chips aus Flachbrot mit Olivenöl und einer Prise Meersalz. Marianne, die in den jungen Jahren des letzten Jahrhunderts geboren wurde — genauer gesagt, im Jahre 1923 — hat immer eine Flasche Löwenzahnwein dabei, den sie nach den Rezepten von Mutter und Tante herstellt. Marianne sagt, dass der Wein sehr gesund ist und dass man daher gern ein paar Flaschen mehr ansetzen darf!

Marianne erzählt von den Tagen, die sie auf dem Hof der Großeltern verbracht hatte, und dass sie als kleines Mädchen einmal verwundert und verärgert zurück ins Haus lief, um zu schmollen, als ihr klar wurde, dass Rüben in ein und demselben Sommer nicht nur ein einziges Mal, sondern öfters gejätet und geputzt werden müssen!

Marianne

Seit ihrer Hochzeit im Alter von 25 Jahren ist Marianne Vegetarierin und Anhängerin des Freiluftsports. Alle Kinder und Enkelkinder sind in ihre Fußstapfen getreten. Es ist außerdem völlig normal für sie, täglich die Gaben der Natur rund um sie herum zu nutzen.

In ihrer übersprudelnden Art erzählt sie uns von den Damenkränzchen damals, als sie eine junge Frau war. Jeder brachte dazu Essen und Schnaps aus der eigenen Küche mit. Einen gekauften Kuchen zum Dessert mitzubringen? Das wäre eine Todsünde gewesen! Allerdings ist Marianne der Ansicht, dass damals viel zu viel Schnaps getrunken wurde.

Ich bin eigentlich ziemlich froh darüber, dass es heute nicht mehr so streng zugeht. Es muss nicht mehr alles aus eigener Herstellung sein, denke ich mir und knabbere dabei an den Chips aus gekauftem Flachbrot, die ich vor dem Rösten einfach in dünne Streifen schneide, mit Olivenöl beträufele und mit Salz bestreue.

Ein bisschen neidisch bin ich aber doch, dass ich nicht zu der Clique gehörte, die sich Skrollor nannten, weil eine der Damen, von Beruf Modistin, auf diesen damals so genannten Stil von Hüten spezialisiert war. Es wäre zu schön gewesen, sich an Hackbraten und selbstgebackenem Rhabarberkuchen gütlich zu tun und dabei ein, zwei Schnäpschen zu viel zu heben. Nun ja, es war früher längst nicht alles besser, aber manches vielleicht doch …

Wunderbares Flachbrot ...

Flachbrot

550 g Mehl (gerne verschiedene Sorten)
½ TL Hirschhornsalz
1 TL Salz
400 ml Wasser

Den Ofen auf 275 °C vorheizen und ein Backblech auf die oberste Schiene schieben.

Mehl, Hirschhornsalz und Salz in eine Schüssel sieben. Das Wasser in eine Schüssel geben, die trockenen Zutaten dazu geben und alles zügig zu einem geschmeidigen Teig verkneten. Nicht allzu lange bearbeiten, der Teig darf nicht klebrig werden.

Den Teig dünn ausrollen. Mit einem Glas oder einer anderen runden Form mit ca. 10 cm Durchmesser kreisrunde Platten ausstechen. Die Kanten noch einmal extra flach drücken, sie sollen sehr dünn sein.

Die Teigplatten auf das nicht gefettete, heiße Backblech legen und auf der obersten Schiene etwa 5 Minuten goldbraun backen. Es macht nichts, wenn das Flachbrot an den Rändern ganz leicht anbrennt. Auf einem Kuchenrost abkühlen lassen.

Rhabarber-Konfitüre mit Ingwerminze

400 g Rhabarber
400 ml Zucker
150 ml Ingwerminzeblätter
 (im Messbecher abmessen)
½ TL Zitronensäure

Den Rhabarber grob hacken – die Stücke können gern etwas unterschiedlich groß sein, das gibt der Konfitüre Textur!

Rhabarber und Zucker in einem Topf mit dickem Boden unter Rühren aufkochen. Die Temperatur herunterschalten und eine Stunde lang schwach kochen lassen. Die Minze grob hacken und in den Topf geben.

Wenn Sie keine Ingwerminze bekommen, versuchen Sie es mit Ananassalbei oder einer Mischung aus gewöhnlicher Minze und geriebenem frischen Ingwer (etwa 1 cm). Die Temperatur auf die niedrigste Stufe stellen und noch eine Viertelstunde ziehen lassen.

Die Zitronensäure in etwas heißem Wasser auflösen und in die Konfitüre geben. Die fertige Konfitüre in sterilisiere Gläser füllen und an einem kühlen Ort aufbewahren.

In Etagen anrichten

Löwenzahnwein

Ergibt ca. 1,5 Liter

3 Liter Löwenzahnblüten
(im Messbecher abmessen)
4 Liter kochendes Wasser
3 unbehandelte Zitronen
1700 g Zucker

Die Blüten gut abspülen und lose grüne Blätter entfernen. In einen 5-Liter Topf geben und mit dem kochenden Wasser übergießen. Etwa 12 Stunden ziehen lassen. Die Flüssigkeit durch ein Küchenhandtuch oder einen Kaffeefilter abgießen und in einen Krug oder eine große Flasche gießen. Die Zitronen in Scheiben schneiden und die Kerne entfernen. Zuerst den Zucker, dann die Zitronenscheiben in den Löwenzahnsaft geben. Den Saft bei Zimmertemperatur 3 Wochen stehen lassen. Dann den Schaum abschöpfen, den Wein filtern und auf Flaschen ziehen. Weiterhin kühl und dunkel lagern — je länger, desto besser!

Holundersaft

Ergibt ca. 2,5 Liter

35–40 Fliederblütendolden
5 Zitronen, möglichst unbehandelt
1,5 Liter Wasser
1500 g Zucker
30 g Zitronensäure

Die Blüten und die Zitronen gut abspülen. Die Zitronen in Scheiben schneiden und die Kerne entfernen. (Sind die Zitronen nicht unbehandelt, sollte man sie vorher sehr dünn schälen).

Alles zusammen in einen 4-Liter-Topf geben. Zucker und Wasser zusammen aufkochen, bis sich der Zucker gelöst hat. Die Zitronensäure zugeben. Die Blüten mit der Flüssigkeit übergießen und alles zusammen 4 Tage an einem kühlen Ort ziehen lassen.

Durch ein Küchenhandtuch abseihen und auf sterilisierte Flaschen ziehen. Kühl und dunkel lagern.

Frischkäsekugeln

Schnelle Häppchen: Frischkäse in der gewünschten Geschmacksrichtung zu kleinen Kugeln formen und in fein gehacktem Schnittlauch rollen.

Käsegebäck

100 g Butter
35 g geriebener Parmesan
225 g Mehl
½ TL Salz

Den Ofen auf 175 °C vorheizen. Alle Zutaten zu einem geschmeidigen Teig verkneten. Den Teig vor dem Backen eine Stunde kühl stellen.

Den Teig zu einer etwa 5 cm dicken Rolle formen und in 1 cm dicke Scheiben schneiden (ergibt ca. 20 Stück).

Die Scheiben zu kleinen Kugeln formen und auf ein mit Backpapier ausgelegtes Backblech legen. Die Kugeln mit dem Finger etwas flach drücken, sodass sie sich an den Rändern leicht spalten.

Auf der mittleren Ofenschiene ca. 15 Minuten goldbraun backen.

Mit Frischkäse und Rosenblättern garniert servieren.

Rhabarberchips

Rhabarber in feine Scheiben hobeln und bei ca. 75 °C im Ofen trocknen, bis sie sich dunkelrot gefärbt haben.

Lecker zu süßen Desserts, zum Aperitif und sehr dekorativ als Garnitur!

Flachbrotchips

Gekauftes Flachbrot in dünne Streifen schneiden und mit Olivenöl einpinseln. Mit grobem Salz bestreuen und bei 175 °C etwa 8 Minuten knusprig backen.

Ein altes Fenster vom Nachbarn dient als Tablett für Gin mit Fliederblütensaft aus Uropas Gläsern. Dazu gibt es Rhabarberchips und Käsegebäck.

Rhabarbersaft in alten Limonadenflaschen mit Bügelverschluss und Frischkäsekugeln mit frischem Schnittlauch in einer alten Kuchenform!

Mit Rosenblättern dekoriert

Willkommen in unserer Wirklichkeit — in unserem orientalischen Flugabenteuer! In der wirklichen Wirklichkeit liegt diese Waldlichtung 50 Meter von der Autobahn entfernt. Das Dröhnen ist tagaus, tagein zu hören und auf dem nur 20 Meter von unserer magischen Lichtung entfernten Hunderastplatz tun Dobermänner und Chihuahuas halt, was Hunde so tun. Doch in der Wirklichkeit, die wir uns selber erschaffen, ist dies ein Zauberwald voller Magie, Mystik und tiefer Weisheit und einer tiefen Ruhe, die an einem normalen Werktag in der wirklichen Wirklichkeit nur wenigen Menschen zuteil wird ...

Wenn uns einmal danach ist, den Sommer etwas aufzumischen, schleppen wir Kisten und Krüge, Tabletts und Matten nach draußen und gönnen uns einen Tag im gelobten Land des Orients – das ist auf jeden Fall einfacher als ein Flug nach Dubai und magischer als eine Woche Mallorca, von der rein finanziellen Ersparnis einmal ganz abgesehen, die so ein Traumabenteuer mit sich führt.

Wir nehmen allerlei gute Sachen zum Essen mit – Salbeipesto, frisches Brot aus Sauerteig für jene, die im Trend bleiben wollen und ein paar pikante Käsesorten. Ich selbst liebe – und ich meine, liebe! – Blauschimmelkäse ... einfach herrlich und wunderbar luxuriös!

Breiten Sie einmal die Schwingen aus – so weit, wie es nur irgend geht – und lassen sich von den Gedanken führen, wohin sie wollen. Mit Hilfe der Fantasie können Sie Ihre Freunde mitnehmen, wohin Sie nur wollen – so wird eine Waldlichtung neben einer belebten Autobahn zum Zauberwald und ein Hunderastplatz zu einer pittoresken Spielwiese für wilde Löwen.

Genießen Sie den Alltag, umgeben Sie ihn mit Magie, denn es gibt davon soviel mehr als Feiertage!

Wir finden, dass ein Picknick nicht allzu viel Vorbereitung in Anspruch nehmen sollte. Daher kaufen wir zum Beispiel das Brot frisch vom Bäcker.

Aufschnitt und Käse kann man sich an der Theke abwiegen lassen, aber ehrlich gesagt, reicht es auch, vakuumverpackte Scheiben zu kaufen und diese eine Weile vorher zu „lüften".

Viele machen den Fehler, Schimmelkäse zu kühl zu servieren, doch bei Zimmertemperatur schmeckt er am besten!

Salbeipesto

Dieses leckere Pesto macht Sigge im Handumdrehen!

5 frische Salbeizweige
20 g geriebenen Parmesan
½ Knoblauchzehe
mit so viel Olivenöl im Mixer pürieren, bis die richtige Konsistenz erreicht ist.

Brokkoli-Bohnen-Salat

Ein nahrhafter und appetitlicher Salat, der nicht allzu viel Arbeit macht.

Brokkoli, roh oder gekocht
Gemischte, gekochte Bohnen nach Geschmack
Rote Zwiebeln in Spalten
Essig, Öl, Salz
Chilipulver nach Geschmack

Zum Servieren kommen all die silbernen Blechtabletts wieder zu ihrem Recht, die lange Zeit so schrecklich unmodern waren! Wenn Sie nicht ohnehin irgendwo eines im Schrank haben, finden Sie bestimmt etwas Passendes auf dem Flohmarkt!

Man nehme, was man hat

„Man nehme, was man hat" sagte schon die gute Cajsa Warg (Schwedens Henriette Davidis).

Ein Strauß Gräser macht den schön gedeckten Tischteppich noch etwas ... kultivierter und zeigt, dass man sich ein wenig extra Mühe gegeben hat.

Wenn exotische Früchte im Sonderangebot sind, kann ich einfach nicht widerstehen. Frische Ananas passt wunderbar ins Tableau und ist ein leckerer Zwischengang.

Dekorative Birkenrinde

*Abenddämmerung im Kerzenschein ...
das ist schon für sich allein eine Zauberwelt.
Wir nehmen unsere Windlichter aus dem Garten
mit und hängen sie rundherum in die Bäume.
Türkische Teegläser machen sich überaus
dekorativ als Windlichter.*

Ein Stück Schokolade zum Abschluss eines üppigen Essens gehört einfach dazu. Ich mag am liebsten dunkle Schokolade mit einer Prise Meersalz. Noch besser schmeckt sie rustikal auf Birkenrinde angerichtet oder ganz romantisch auf einem Silbertablett.

Wir haben die Rindenteller natürlich nicht einfach von den Birken geschält — sie waren ein Glücksfund beim Blumenhändler!

{ Schokolade zum Kaffee }

Der wunderschöne Spiegel ist ein Erbstück von meinem Großvater. Es würde mir nicht einfallen, ihn irgendwo an die Wand zu hängen, denn er macht sich einfach viel zu prachtvoll als Tablett. Je nach Anlass kritzele ich oft noch ein paar passende Worte mit Permanentstift darauf. Das lässt sich hinterher mit Spiritus leicht wieder entfernen.

Es ist übrigens wunderbar, morgens als erstes eine aufmunternde Botschaft auf dem Wandspiegel zu sehen – denn wer liest nicht gerne „Du bist das Beste"? Ich habe die Idee von einem Freund, der eines Nachts nach einer gelungenen Abendgesellschaft eine lobende Nachricht auf seinem Badezimmerspiegel fand – geschrieben mit Kajalstift!

Spiegel-Schrift

Graffiti

Ich liebe Graffiti — wo es hinpasst, selbstverständlich. Gang-Tags oder bedrohliche Botschaften können ganz ohne Frage einfach alles verunstalten, doch oft ist diese kunterbunte Straßenkunst eben wirklich Kunst. Ich selbst habe die Angewohnheit, auf allem und jedem herum zu malen: Ich bekritzele alte Drucke und male kunterbunte Figuren auf Bilder in kitschigen Goldrahmen, doch ebenso gern beschrifte ich transparentes Material wie Blumenfolie oder Abdeckplane. Denn mit ein paar Filzstiftstrichen kann man Wänden und Tischen ein ganz neues Aussehen verpassen!

Das tolle Kleid ist eine Schöpfung unserer Freundin Birgitta Modd. Sie sammelte Kronkorken in allen Farben und befestigte diese auf einem einfachen Strickkleid. Recyclingmode in seiner allerschönsten Form!

Kronkorken als Pailletten

Eine tolle Idee für besondere Feste: Breiten Sie Stoffbahnen oder Tischdecken an einem gut gelüfteten Ort aus — am besten draußen im Garten — und laden die Gäste dazu ein, sich mit Sprühfarbe oder Stoffmalstiften nach Herzenslust darauf auszutoben. Nach dem Trocknen werden damit die Tische gedeckt. Das funktioniert am besten, wenn das Essen auf einem Büffet angerichtet ist.

Wenn Sie Farbe aus Spraydosen verwenden, wird man diese auch ziemlich lange nach dem Trocknen noch riechen können, daher sollte man so etwas nur in großen, gut gelüfteten Räumen veranstalten!

Seifenblasen

Es gibt doch keinen Tag, der mit Seifenblasen nicht noch besser würde! Man kann damit auch prima auf Partys das Eis brechen. Wenn Sie keine Seifenblasenmaschine haben, stellen Sie einfach Dosen mit Seifenblasenlauge auf jeden Tisch.

Cornelia

Die Künstlerin Cornelia Stålgren steht auf Farbe, Fantasie und das sprudelnde Leben.

Sie gestaltet winzig kleine Elfen aus Ton und haucht überhaupt allen Dingen um sie herum einen Funken Magie ein. Es ist wunderbar anzusehen, wie unter ihren Händen Feen, Prinzessinnen und Märchenschlösser aus grauem Ton zum Leben erwachen.

Eine meiner ersten Erinnerungen an Cornelia war ein Telefonanruf vor vielen Jahren. Sie wohnte damals beinahe Wand an Wand mit uns und wollte sich ein paar Teller ausleihen („denn ihr habt doch so viele!"), da sie an diesem Abend Herrenbesuch bekam. Wir waren leider gerade verreist und konnten nicht helfen. „Aber du wirst doch wenigstens zwei Teller im Haus haben" sagte ich später erstaunt – doch das hatte diese Künstlerseele eben nicht, denn sie aß ihre Mahlzeiten normalerweise direkt aus dem Topf!

Da war ich ja sehr gespannt, wie Cornelia das Problem gelöst hatte. Der Abend wurde jedenfalls ein großer Erfolg. Cornelia war sich selbst treu geblieben und hatte das Beste aus dem gemacht, was sie hatte: Das Essen wurde in den Keramikuntersetzern von ihren Geranientöpfen serviert. Man lernt doch jeden Tag etwas dazu!

Witzig serviert!

Himbeersuppe

Eine unglaublich leckere Suppe! Das Rezept reicht für 4 Personen.

300 g Himbeeren
400 ml Rotwein
300 ml Wasser
200 g Zucker
1 Zimtstange
3 EL Speisestärke

Himbeeren, Wein, Wasser und Zucker mit der Zimtstange zum Kochen bringen, Deckel auflegen, Temperatur reduzieren und 15 Minuten ziehen lassen. Wer keine Himbeerkerne mag, kann die Suppe anschließend durch ein Sieb passieren. Die Zimtstange entfernen. Die Speisestärke in etwas Wasser auflösen und mit der Suppe verquirlen. Nochmals aufkochen und ein paar Minuten ziehen lassen.

Die Suppe kalt servieren. Vorher mit etwas Wasser verrühren, falls sie zu dick geworden ist.

Himbeercreme

Servieren Sie die Himbeercreme mit frischen Himbeerspießchen und einem Löffel flüssiger Sahne.

500 g Himbeeren, frisch oder tiefgefroren
500 ml Wasser
150 g Zucker
4 EL Speisestärke, mit Wasser verquirlt

Himbeeren, Wasser und Zucker aufkochen lassen und vom Herd nehmen. Mit der Stärkelösung verquirlen und nochmals aufkochen lassen. Kalt servieren.

Himbeerspießchen

Gewebte Geschichten

Meine Tante sammelte Hundefiguren. Ich habe das ganze Rudel geerbt und es lebt nun draußen in meinem Garten. Inzwischen sind die meisten von ihnen ziemlich verwittert und sehen zum Entzücken der Nachbarskinder sogar geradezu unheimlich aus!

Heute feiern wir ein spontanes Hoffest, denn im Sommer muss man einfach jede Gelegenheit beim Schopf packen! Wir tragen die alten Möbel, die schon lange unten im Keller warten, ins Freie und malen sie bunt an. Inmitten der kunterbunten Blumenpracht des Gartens erinnert die ganze Szene ein wenig an Frida Kahlos prachtvolle Bilder und Arrangements!

Es gibt Torten, Speisen und Farben im Überfluss. Ein Sommerfest soll strahlen vor Kreativität, es muss übersprudeln vor Freude und Wärme! Es soll einfach zu gestalten sein, aber bei den Gästen schöne Erinnerungen und die Lust auf mehr hinterlassen. Wir haben gekaufte Tortenböden mit Schokoladenpudding, Vanillecreme und Himbeerkonfitüre gefüllt – ich nehme gern zwei Böden für Extrahöhe und Extraspaß!

Und weil es so schön ist, wurde die Schlagsahne mit Speisefarbe knallrosa gefärbt. Die Flaggengirlande habe ich aus übriggebliebenem Geschenkpapier gebastelt und zwischen zwei bunte Trinkhalme gespannt.

Da ich nun einmal Rosen liebe, wurde auch reichlich mit frischen Rosenblättern dekoriert. Sie sehen übrigens nicht nur schön aus, sondern schmecken auch gut!

Focaccia

) g Hefe
0 ml lauwarmes Wasser
TL Salz
0 ml Olivenöl
50 ml Olivenwasser
500 g Mehl

Zum Garnieren:
8 Kirschtomaten
150 g Oliven ohne Kerne
3 Rosmarinzweige
50 ml Olivenöl

efe im Wasser auflösen, dann mit Olivenöl, Salz
d Olivenflüssigkeit verrühren. So viel Mehl
arbeiten, dass die gewünschte Konsistenz
reicht ist. Teig eine Stunde gehen lassen. Ofen auf
5 °C vorheizen. Den Teig gut durchkneten und
f einem Backblech ausrollen. Die Garnierung
rauf verteilen. Das Ganze vor dem Backen
chmals 10 Minuten gehen lassen. Die Backzeit
trägt etwa 20 Minuten.

Crème Fraiche-Dip

*Einfach und lecker:
Crème Fraiche, gehackte Rucolablätter,
Salz und fein gehackte sonnengetrocknete
Tomaten verrühren und mit frischer Rauke und
sonnengetrockneten Tomaten garnieren.*

Kartoffelsalat

Der gehört zum Sommer einfach dazu!
Unser Kartoffelsalat besteht aus
noch warmen, im Ganzen gekochten
kleinen Kartoffeln mit Rucola, Spinat,
Fetakäse, Pinienkernen und Kapern.
Nach Geschmack in Olivenöl und grobem
Salz wenden. Ich streue manchmal noch
würzige, grob gehackte Wurst, z. B. Salami,
darüber.

Flaggengirlande

Seidenpapier zum Leporello falten und zu einer Flaggengirlande schneiden. Zwischen zwei Trinkhalme kleben und auf die Torte stecken.

Flamingo Owl

Ein spritziger Sommercocktail, schnell gemacht und herrlich erfrischend.

Man nehme den Lieblingssekt (natürlich Rosé!), einen Spritzer Limettensaft und einen Schuss Fruchtlimonade nach Geschmack. Sehr wichtig: Mit frischen Beeren und Flamingos garniert servieren!

Dies & Das

Eine fröhlich bunte Mischung aus Plastiktischdecken

Bunt beklebte Flaschen

Patchworkdecke

1. Sechsecke in der gewünschten Größe und Menge aus Papier ausschneiden.

2. Anhand dieser Schablonen Sechsecke aus Stoffresten zuschneiden, rundherum 5,5 cm Nahtzugabe stehen lassen. Die Stoffkanten nach hinten umschlagen und mit Klebstift oder Klebestreifen an der Schablone befestigen.

3. Die Sechsecke von der Rückseite aus entlang der Kanten mit Überwendstichen zusammennähen.

4. Je nach Geduld und Anzahl der Sechsecke kann man daraus beispielsweise Platzdeckchen, Kissenbezüge oder sogar Bettüberwürfe arbeiten.

Herbstbambi und Rosen ...

Es ist einer der letzten schönen Tage im Herbst. Der alte Steintisch steht umringt von buntem Laub in sanftes Sonnenlicht getaucht. Wir packen die Thermosflasche mit heißem Kaffee und den Zimtzwieback aus und lassen es uns noch einmal richtig wohl sein.

Denn der Tag ist nun im Handumdrehen vorüber – schon geht hinter den Bäumen die Sonne unter und auf einmal ist es Abend. Doch noch sitzen wir hier im herbstlichen Sonnenschein und philosophieren darüber, wie überaus schön das Leben doch manchmal sein kann! Das es in unser aller Leben solche Tage gibt, die alles, was man in Büchern und in der Zeitung liest oder man sich selber vorgestellt hat, in den Schatten stellen. Das es sich immer lohnt, sich Zeit für Freunde und Familie zu nehmen, gutes Essen und Trinken und gute Gesellschaft zu genießen. Und wie glücklich ich mich schätzen kann, dass ich es heute genau so habe, wie ich es mir einmal vorgestellt und erträumt habe.

Den Duft der Rosen zu genießen und über die schönen Seiten des Lebens zu diskutieren, während der heiße Kaffee in der Thermosflasche dampft, am Wasserufer entlangzuwandern und im Wald zu sitzen, dem Gesang der Vögel und dem Rauschen des Waldes zu lauschen, macht mich nun einmal rundherum glücklich ...

Natürlich klingt das unheimlich pathetisch, aber so ist das nun einmal – es sind im Grunde die einfachsten und banalsten Dinge, die das Leben wirklich lebenswert machen!

Mit einem Glas Rosé in der Hand am Flussufer zu sitzen, sich von den allerletzten Sonnenstrahlen wärmen zu lassen und einem Eichhörnchen dabei zuzusehen, wie es behände an den Baumstämmen auf- und abspringt, das ist doch Luxus in seiner reinsten Form!

Von Menschen umgeben zu sein, die man liebt und immer wieder neue, interessante Menschen zu treffen – auch das ist Luxus, ganz einfach unbeschreiblicher Luxus!

Manchmal fühle ich mich wie der allerglücklichste Mensch auf Erden – und dann wünsche ich mir immer sofort, dass es alle so gut haben können wie ich an diesem Tag, ein Tag mit Bambis, Rosen, Freunden und Familie. Danke für diesen Tag, der gerade heute so ganz ohne Vorwarnung zu einem fantastischen Tag wurde!

Alte Marmeladengläser

Windlichter aus Portweingläsern

125

Noch warmer, frisch gebackener Zimtzwieback dick mit Butter bestrichen ist ein bisschen sündig und luxuriös zugleich — eine höchst angenehme Kombination!

Der Hutladen

Rosen …
Rosen … sie erinnern mich an meine Großmutter und ihr Rosenwasser und die zierlichen Porzellantassen … und an die Rosen, mit der ich meinen kleinen Laden, meine Hutkreationen und meine Kuchen und Desserts schmücke.

Ich betreibe seit vielen Jahre ein kleines Hutgeschäft, eines von der Sorte, die uns in Büchern und Filmen begegnen: Wo das Herz vor Freude zu hüpfen beginnt, wenn man die Klinke herunterdrückt und man all die schönen Hüte sieht, die einem von ihren Ständern und Regalen entgegenlachen.

Schon beim Eintreten wird man von dem kessen Blinken und Blitzen der Kristallleuchter und Spiegel begrüßt. Ein prächtiger orientalischer Teppich liegt auf dem abgetretenen Holzfußboden. Gleich hinter dem Laden liegt mein kleines Atelier. Dort fertige und lagere ich meine Kreationen und dort bewahre ich die Perlen aus aller Herren Länder, den hauchdünnen Tüll und die antike Spitze von den Londoner und Pariser Antiquitätenmärkten auf, mit denen ich Hüte und Kopfschmuck verziere. So einen Kopfschmuck nennt man Fascinator – er ist ein Mittelding zwischen Hut und Haarspange, die man zu festlichen Anlässen trägt.

Damit, dass ich all diese Kostbarkeiten jeden Tag genießen darf, dass ich einen Teil meines Lebensunterhalts mit dem Herstellen wunderbarer Hutkreationen verdienen darf, ist für mich ein Traum Wirklichkeit geworden und ich genieße jeden Augenblick!

Ein Hut ist so viel mehr als ein Kleidungsstück oder ein Accessoire. Ein Hut bringt nicht nur den Stil seiner Trägerin zum Ausdruck, sondern auch ihren Mut, diesen Stil offen zur Schau zu stellen. Ein Hut kitzelt gewissermaßen unsere Persönlichkeit aus uns heraus. Dabei zu helfen, jede Kundin mit genau dem richtigen Hut zu vereinen, ist mir ein ganz besonderes Vergnügen – und ein ziemliches Abenteuer! Natürlich gibt es in der konservativen Hutbranche jede Menge Richtlinien, Tabus und Zwänge – wer wann was zu tragen hat, wie man es trägt und so weiter …

Ich selbst habe in meinen 20 Jahren Berufserfahrung dabei vor allem eines gelernt: Regeln sind dazu da, dass man sie bricht. Und dass genau das zu einem passt, in dem man sich rundherum wohlfühlt – ob lang oder kurz, rund oder schmal, verspielt oder praktisch. Genau wie jedes andere Kleidungsstück kleidet ein Hut denjenigen, der ihn tragen will – wenn Sie sich mit dem Hut wohlfühlen, fühlt sich auch der Hut mit Ihnen wohl und dann ist das Ganze ein Erfolg!

Kurz gesagt können Sie mit dem Hut, mit dem Sie sich wohlfühlen, die Welt erobern – denn eine Lady mit Hut übergeht man nicht so einfach! An einem Tag mit Hut sammelt man so viele Komplimente und nette Begegnungen wie nie. Wenn Sie so etwas noch nie versucht haben, dann wird es höchste Zeit! Nehmen Sie sich jedoch unbedingt genug Zeit dafür: Für jeden gibt es den richtigen Hut, man muss sich nur trauen und sich langsam an ihn herantasten. Viel Glück und Erfolg damit, Sie werden es nicht bereuen!

Einen Turban nähen

Nehmen Sie einen Lieblingsstoff

ca. 29 cm

Den Stoff doppelt legen und das Muster ausschneiden

Mit Stoffblättern und Perlen verzieren

Einen Turban nähen? Das mag ziemlich kompliziert und etwas überkandidelt klingen, aber wenn Sie sehen, wie einfach und schnell das geht und wie wunderbar man damit eine schlecht sitzende Frisur kaschieren kann, werden Sie bald eine ganze Sammlung davon haben – wollen wir wetten?

„Too much is never enough", heißt es doch so schön. Man muss nur erst einmal den ersten Schritt wagen! Wenn Sie sich das Nähen nicht zutrauen, passen Sie einfach die Beine von ein paar alten Leggings auf Ihren Kopfumfang an. Ich weiß nicht, wie es Ihnen geht, aber ich habe eine ganze Sammlung von Leggings, die irgendwie etwas zu klein geworden sind und aus denen man noch allerhand spannende Sachen basteln kann.

Es ist ein befreiendes Gefühl, Dinge für Zwecke zu verwenden, für die sie eigentlich ursprünglich nicht vorgesehen waren – und man bringt seine Gedanken in eine völlig neue Richtung!

Erika

Erika Ekstrand hat eigentlich nie irgendwelche Hemmungen, auf alles in ihrem Leben noch ein wenig mehr von allem draufzusetzen. Knallroter Lippenstift muss sein, ob Alltag oder Sonntag, und eine schicke Bluse versteht sich von selbst — und oft krönt ein schicker und etwas ausgefallener Hut das Ganze.

Als ich Erika das erste Mal traf, war sie gerade auf der Jagd nach Spitzenkragen — viele Spitzenkragen, groß, weiß oder cremefarben, aber möglichst alt und gerne etwas mitgenommen.

Ihre Kleidung, ihr ganzer Stil erinnert mich an die großen Filmdiven von einst mit allem Glanz und Gloria. Tatsächlich holt Erika sich ihre Ideen aus Fernsehserien oder Filmen, die von vergangenen Zeiten handeln. Sie mag alles, was eine Geschichte hat, nicht nur, was die Kleidung betrifft, sondern vor allem auch die Menschen. Eines ihrer größten Vorbilder ist ihre Großmutter, die Erika mit ihrer Vorliebe für Stiefmütterchen und überhaupt mit ihrer ganzen Lebensweise ein Leben lang inspiriert hat.

Ihre gesamte Denkweise, im Arbeitsleben wie auch privat, dreht sich um das Hier und Jetzt; darum, bei allem was man tut, wirklich anwesend zu sein und sich nicht nur selbst über die Schulter zu gucken — darum, aus allem, was man hat, das Beste zu machen und nicht vor Hindernissen zurückzuscheuen. Sich selbst zu vertrauen und die Dinge einfach anzupacken, ist Erikas Lebensrezept. Sie sieht das Leben als ein üppiges Buffet voller verlockender Möglichkeiten, an dem man sich nach Herzenslust bedienen sollte — und ich finde, das sollten wir ihr nachtun.

Rosenlikör

Gönnen Sie sich ein Gläschen Likör zu frischem Zimtzwieback — oder auch zwei!

Ich löse dafür zuerst 300 g Zucker in 75 cl gutem Wodka auf. Dazu kommen die Kronblätter von etwa 20 frischen Rosen in der gewünschten Farbe. Alles zusammen mindestens 4 Wochen stehen lassen und dann filtern — ein starker, aber wunderbarer Likör für Rosenkavaliere!

Rosenbutter

Frische, extra salzige Butter mit fein gehackten Rosenblättern schmeckt nicht nur lecker, sondern bekommt auch eine schöne Farbe!

Zimtzwieback

serviert in Kristall

*Ein schneller und leckerer Snack
für Frauen von unserem Schlag: Das Brot
von gestern (gerne mit Nüssen) im Ofen
rösten und in Zimt und Zucker wenden.
Schmeckt wunderbar zu Rosenlikör und Rosenbutter.*

Skagen

Kurz vor meiner Hochzeit verstarb urplötzlich mein geliebter und vermeintlich unsterblicher Großvater. Er war eine der farbenfrohesten Persönlichkeiten, die ich je in meinem Leben getroffen habe und ich wollte trotz seines traurigen Ablebens auf seine Anwesenheit bei der Trauung nicht verzichten.

Und so geschah es dann auch! Ich nähte mein Brautkleid aus Opas Spitzengardinen und Damasttüchern und habe mich nie in meinem Leben stattlicher und majestätischer gefühlt.

Glücklicherweise liebte Großvater die traditionellen Spitzengardinen in seinen Fenstern, obwohl er sonst ein ziemlich modernes Leben führte. So hatten wir reichlich Material für eine prächtige Robe im Stil des 18. Jahrhunderts mit allen Schikanen und ich war mir die ganze Zeit über der Gegenwart meines Großvaters bewusst.

Vor einiger Zeit im Spätherbst besuchte ich ein paar Freunde in ihrem Sommerhaus im dänischen Skagen. Ich stellte mir bildlich vor, wie die eleganten Sommerfrischlerinnen des 19. Jahrhunderts in Großvaters vom Salz des Seewassers gestärkten Spitzen gekleidet an den endlosen Stränden entlang flanierten. Damast-Tischdecken, silberne Serviertabletts und ein Sammelsurium an schönen Dingen bringen die Fantasie zum Blühen und man kann sie auf so viele verschiedene Art und Weise verwenden.

In Kaffee oder schwarzen Tee getaucht nehmen Spitzen eine wunderbar nostalgische Patina an – fast könnte man denken, dass sie noch aus dem 18. Jahrhundert stammen. Wenn man sie in Zuckerwasser taucht und noch nass über Schüsseln, Ballons oder Gläsern trocknen lässt, werden daraus dekorative Schalen oder Lampenschirme.

Sigges Fischsuppe

Kartoffeln schälen und in grobe Würfel schneiden. Trockenen Weißwein und Wasser zu gleichen Teilen in einen Topf geben, einen oder mehr Würfel Fischbrühe darin auflösen und die Kartoffeln darin garen.

Eine in dünne Streifen geschnittene Fenchelknolle dazu geben (das Grün zum Garnieren aufheben). Wenn die Kartoffeln gar sind, einen Becher Crème Fraiche und ein paar Kirschtomaten dazu geben und nochmals aufkochen lassen. Mit Salz und schwarzem Pfeffer würzen.

Lachs und weißen Fisch Ihrer Wahl in groben Würfeln in die kochende Suppe geben, den Topf vom Herd nehmen und den Fisch in der Restwärme gar ziehen lassen (dadurch bleibt er schön saftig).

Die Suppe sofort mit gehacktem Fenchelgrün bestreut servieren. Dazu schmeckt frisches Sauerteigbrot.

Eine ausgefallene Tischdekoration: Alte Servierplatten aus Edelstahl, mit einer Metallschere grob zerschnitten und mit alten Spitzen in Gläsern angerichtet.

„Köpfen" Sie alte Porzellanfiguren und verwenden die Teile separat ...

Eine Brosche aus Opas alten Spitzen — eine schöne und kreative Erinnerung

Schritt für Schritt:

1. Löcher in die Basisplatte stechen
2. Draht durch die Löcher ziehen
3. Spitze auf den Draht fädeln
4. Die Enden zu einer Blüte formen

Aus Tischdecken & Gardinen genäht

„Ich nähte mein Brautkleid aus Opas Spitzengardinen und Damasttüchern und habe mich nie in meinem Leben stattlicher und majestätischer gefühlt."

Frühstück am Meer

In aller Morgenfrische. Der Frühstückstisch am Bootssteg ist ganz gesund mit selbst geröstetem Müsli, Erdbeersaft, Joghurt, frischen Äpfeln, Pflaumen und Beeren gedeckt.

Fruchtcocktail

Frühstück mit Goldrand: Erdbeeren, Zitronenmelisse und Limettensaft im Mixer pürieren und in ein Cocktailglas gießen.

Bootssteg-Porridge

25 g Haferflocken
25 g Roggenflocken
200 ml Wasser
1 EL Sonnenblumenkerne
1 MSP Kardamom
1 Prise Salz
1 Handvoll Himbeeren
1 Handvoll Blaubeeren
2 EL geröstete, gemahlene Haferflocken

Wunderbar gesund und kräftigend! Alle Zutaten in einen Topf geben und unter gelegentlichem Rühren 5 Minuten kochen. Noch warm mit frischen Beeren servieren.

Müsli

Haselnüsse, Haferflocken, Sonnenblumenkerne, sowie ein paar Mandeln und Rosinen etwa 10 Minuten lang im 150 °C heißen Ofen rösten und mit Cornflakes mischen.

Mariannes Hafergrütze

1 Esslöffel Leinöl, 1 ½ Esslöffel gemahlene Haferflocken, 1 Esslöffel Rosinen sowie zwei getrocknete, fein gehackte Feigen in etwas Wasser 15 Minuten lang kochen. Dann 2 Esslöffel Weizenkleie zugeben und noch etwas weiterkochen.

Den Erdbeersaft haben wir im Naturkostladen gekauft, denn an diesem Tag war es uns wichtiger, so früh an den Bootssteg zu kommen, dass wir die Elfen noch tanzen sehen könnten!

Frühstücksjoghurt

Türkischen Joghurt mit Honig, und nach Geschmack einem Spritzer Limettensaft verrühren und mit frischen Beeren und Zitronenmelisse servieren.

Und dann hinein in die Badekleider!

Queen of Ocean Plastic

Auf der Wasserfläche des Sees tanzen die Elfen und Benedikte bietet der verzauberten Landschaft ihre Energie und ihre Gedanken dar … an diesem schwedischen Dienstagmorgen im Sommer, der wohl nicht weniger magisch ist als jeder andere Tag!

Benedikte Esperi ist Performancekünstlerin und strikte Veganerin. Sie engagiert sich leidenschaftlich für die Umwelt und ist immer wieder erstaunt über den Grad, in dem wir die Natur durch unsere Müllberge verschandeln. Sie ist überzeugt davon, dass wir alle gemeinsam die Welt zum Guten wenden können, im großen wie im auch noch so kleinen, alltäglichen Rahmen, indem wir miteinander reden, unseren Müll sortieren und dem Umweltproblem ehrlich ins Auge sehen.

In ihrer Performance „Queen of Ocean Plastic" kleidet sie sich in eine Robe aus Müllsäcken, Plastikabfällen und silbernem Klebeband, um auf die zugleich schöne und schreckliche Vergänglichkeit im Kreislauf des Lebens und der Natur hinzuweisen.

Benedikte lädt uns ein zum Frühstück am Meeresufer vor der Stadt und zeigt uns, wie schön und stilvoll gerade auch die surrealistischen Seiten des Lebens sein können.

Das Frühstück ist wohl die wichtigste Mahlzeit des Tages. Und dennoch schlingen die meisten von uns es morgens in aller Hast hinunter, obwohl wir uns gerade dafür ebenso viel Zeit wie für ein Festmahl nehmen sollten — oder zumindest wie für eine festliche Vorspeise.

Meine Freundin Benedikte gehört zu den Menschen, die einfach allem noch eins draufsetzen müssen. Vor einem Freundestreffen in unserer Stammkneipe kam sie einmal eine Viertelstunde vor den übrigen Gästen, um uns mit Rosensträußen auf den Tischen willkommen zu heißen. Wer fühlt sich nicht als etwas Besonderes, wenn ein besonderer Mensch sich für uns solche Mühe macht?

Birkenwäldchen

An diesem Herbsttag im Schlossgarten fühlten wir uns wie gefangen in einem Traum — einem seltsam angenehmen Traum — als wir durch wabernde, nassfeuchte Nebelwolken wanderten, um den verzauberten Birkenwald zu fotografieren.

Wir schwatzten, tagträumten und grübelten, aßen unsere Wurstbrote und es fröstelte uns gerade so sehr, dass wir mit dem Gedanken spielten, heimzukehren — und doch nicht so sehr, dass wir wirklich umkehren wollten, denn es war doch so schön dort ... so gefangen in unserem schönen Traum ...

Die unvergessene Barbro Hörberg sang einmal:

> *Es regnete, doch die Bilder blieben schön*
> *Es war ein sonderbares Licht an jenem Tag*
> *Wir füllten unsere Augen*
> *Mit dem Licht und den Gedanken an das Neue...*

Und genau so war es ... die Elfen auf den Baumstümpfen stickten fleißig an ihrem unendlichen Gewebe aus Wünschen, die Waldfrau fegte vorbei in ihrem leuchtend roten Gewand und dicke, verzauberte Beeren erfüllten den ganzen Forst mit ihrem Duft.

Es ist schon ein unbeschreibliches Gefühl, dieses Gefühl von erwachsener Kindlichkeit.

Ich liebe es, das Essen gleich mit in die Dekoration zu integrieren, so wird die Mahlzeit zu einer runden Sache. Hier habe ich mit Hilfe von Hanfschnur und hölzernen Wäscheklammern eine schnelle Girlande aus kleinen Pfifferlingen gebastelt.

Mia

Unsere Freundin Mia ist Keramikerin — und sie verfügt sogar über eine ganze Fabriketage, um dort Werke auszustellen! Regale über Regale voller wunderbarer, schöner und praktischer Kreationen …

Sie holt sich ihre Inspirationen sowohl von den Menschen, die sie trifft als auch von der Ungebundenheit der Natur. In Mias Welt geht alles schnell voran — egal, ob sie töpfert, nachdenkt oder erzählt.

Mias Liebe zur Natur beeindruckt mich immer wieder. Es hat etwas Magisches an sich, wenn jemand mit den eigenen Händen so viele verschiedene spannende, schöne und praktische Dinge herstellen kann. Ich empfinde ein regelrechtes Glücksgefühl, wenn ich Mia dabei zusehe, wie sie schwere Tonklumpen zu schönen Schüsseln, Tellern und anderem schönen Gebrauchsgeschirr formt.

Kürbissuppe

Als Sigge in Mailand wohnte, kochte sie gerne diese einfache und leckere Suppe, denn Kürbisse gab es dort im Überfluss. Vielleicht liegt es daran, dass sie sich meistens im Herbst dort aufhielt — zur Kürbissaison!

Etwa 500 g Kürbis in grobe Würfel schneiden, in einen Topf geben und mit 900 ml Milch aufgießen. Nach Geschmack mit Salz, Pfeffer und Muskatnuss würzen und bei mittlerer Temperatur köcheln lassen, bis der Kürbis gar ist. Die Suppe fein pürieren und 100 ml Sahne dazu geben und nach Geschmack nachwürzen. Ich runde die Suppe gern mit einem Löffel Honig ab.

Pfifferlingssuppe

- 2 Schalotten
- 1 Knoblauchzehe
- 500 ml Pfifferlinge (im Messbecher abmessen)
- 2 EL Butter
- 2 EL Mehl
- 500 ml kräftige Fleischbrühe
- ½ EL Sojasauce
- 300 ml Sahne
- 100 ml Crème Fraiche
- 3 Rosa Pfefferkörner, zerstoßen
- 3 EL Madeira (oder Sherry, Rotwein mit etwas Zucker, ein Schuss Whisky – man nehme, was man hat!)
- Salz und Pfeffer

Die Pfifferlinge klein schneiden, mit Zwiebel und Knoblauch dünsten, mit Mehl bestäuben, die Brühe dazu geben und alles eine Weile kochen lassen. Zuletzt die restlichen Zutaten zugeben, nochmals kurz kochen lassen und servieren.

Pilzgirlande

In Gläsern servieren

Silber
Holz
Glas

Material-Mix

177

Winterzeit

Die Kerzenflammen flackern und knistern in der kalten Mittwinternacht und die meisten Menschen um uns herum schlafen wohl schon tief und fest — wir aber feiern heute bis tief in die Nacht …

Wenn die Winterkälte alles durchdringt und die Nacht am tiefsten ist, füllen wir Körbe mit schönen Dekorationen, Kerzen und gutem Essen und tragen sie an unseren Lieblingsplatz mitten in der Natur.

Direkt am Trimm-dich-Pfad ist er, „unser" Platz mit Tisch und Bänken aus Naturstein — im Sommer ein wunderbarer Platz für Grillabende und Sommerfeste und im Winter nicht weniger perfekt für magische Geschichtenvorleseabende, eingemummelt in Schafsfelle und umringt von lieben Freunden. Mitten im kältesten Winter sitzen wir hier und genießen heißen Glühwein oder Kakao, Bratäpfel, Suppe und Popcorn, während einer von uns etwas vorliest — gern eine nostalgische Geschichte aus alter Zeit.

Zwischen den Kerzenhaltern, die Sigge und ich aus Äpfeln und alten Büchern gebastelt haben, steht eine Obstschale aus dem Eis des zugefrorenen Flusses. Denn es bereitet einfach nichts so viel Freude, als etwas Schönes aus dem zu zaubern, das man um sich herum vorfindet.

Einfach das zu verwenden, was man in der Natur so findet, ist schön und luxuriös zugleich.

Wir haben für unsere Obstschale kurzerhand ein Stück Eis aus dem Fluss gebrochen, aber man kann auch einfach Wasser in den Boden einer Plastikschale füllen und diese über Nacht in den Gefrierschrank stellen.

Spitzentüte

1. Einen Bogen DIN A4-Papier zur Tüte rollen
2. Ein hübsches Spitzentuch darum wickeln
3. Mit Hanfschnur zusammenbinden
4. Mit Süßigkeiten füllen – fertig!

Schimmerndes Kerzenlicht

Grabkerzen sind so schön wie preiswert und sie brennen sehr lange. Wir haben sie mit einer Bauchbinde aus alten Buchseiten verziert und diese mit einem Stück Kupferdraht befestigt.

Eine wunderschöne Gartenbeleuchtung, die viele Tage lang hält!

*Solche schauderhaften Keramikschwäne sind irgendwie
Dauergäste auf Flohmärkten und sicher haben viele
von uns sie sogar im Keller oder auf dem Dachboden.
Doch als Festschmuck sind sie eigentlich gar nicht zu
verachten — kitschig als Einzelstück, sind sie in der
Masse schon irgendwie wieder cool!*

*Es geht doch bei jedem Fest immer
irgendetwas zu Bruch — und immer kann
man die Gunst der Stunde nutzen!*

*In einen frischen Apfel gesteckt,
wird aus dem Weinglas ohne Fuß ein
wunderschönes Windlicht.*

Buchseiten, Spitzen & Hanfschnur

Geschenke verpacken

Wenn es ans Verpacken der Geschenke geht, ist es wirklich und wahrhaftig Advent ... Es duftet nach Glühwein und Klebstoff und wir bedecken den Arbeitstisch mit Bändern, Christbaumkugeln, Tannenzweigen, Pfefferkuchen, Siegellack, Glitter, alten Büchern, Bindfäden und allerlei alten Stoffen. Nun kann es losgehen.

Es mag ein altes Klischee sein, dass Geben seliger ist als Nehmen, doch darum es ist nicht weniger wahr. Beim Geschenke einpacken kann ich so richtig abschalten, und manchmal komme ich dabei sogar noch auf neue Ideen für meine eigene Weihnachtsdekoration.

Allerdings empfinden viele genau diesen Aspekt des Weihnachtsfestes als einen Wettlauf mit der Zeit, um noch genau rechtzeitig vor Heiligabend fertig zu werden. Denn so ein Geschenk soll ja sowohl die Persönlichkeit des Schenkenden als auch des Beschenkten zum Ausdruck bringen und das geht nicht jedem locker von der Hand.

Ich verwende zum Einpacken meist das, was ich so bei mir in Schränken, Kisten und Kästen vorfinde: Haushaltsschnur, Seiten aus alten Büchern, Tortenspitze, alte Tischdecken und Servietten und manchmal sogar Zeitungspapier. Denn oft ist so eine kunterbunte Materialsammlung hübscher und charaktervoller als handelsübliches Weihnachtspapier.

Wenn man sich zum Einpacken der Geschenke ein wenig Zeit nimmt, wird jedes Paket zu einem kleinen Kunstwerk und der Empfänger sieht, dass man sich besondere Mühe gegeben hat. Wir vergessen allzu leicht, dass es beim Schenken mehr um den Austausch von Liebe und Respekt geht als um den eigentlichen Inhalt und Warenwert der Pakete selbst. Mit etwas Überlegung wird auch das allerkleinste Geschenk zu einem wahren Kleinod.

Kerzenhalter auf alten, kaputten Büchern befestigen

Bastel-Glögg

Glühwein, beim Geschenke verpacken zu trinken!

5 L Malzbier
5 rohe Kartoffeln in Scheiben
50 g frische Hefe
Frischer Ingwer (ca. 7 cm)
1 Zimtstange
10 g Kardamomkapseln
10 g Gewürznelken
2 Sternanis
500 g Rosinen
2 kg Zucker

Glögg am 24. Oktober ansetzen!

Alle Zutaten zusammen in ein sauberes Gefäß geben, in das etwa 10 Liter Flüssigkeit passen. Ein sauberes Küchenhandtuch über die Öffnung legen und mit einer hübschen Schnur befestigen, damit es nicht verrutscht. Dann mindestens drei Wochen bei Zimmertemperatur stehen lassen, gerne auch länger.

Glasflaschen in ausreichender Menge etwa 10 Minuten im 100 °C heißen Backofen sterilisieren. Den Glögg durch ein Küchenhandtuch filtern und dann auf die Flaschen ziehen.

Wichtig: Setzen Sie am besten die doppelte Menge an, damit es auch für alle Freunde und Verwandten reicht!

Spitzenborten

Knöpfe
Bänder
Buchseiten

Hübsche Bänder & Knöpfe ...

Einen Christbaum falten ...

Zuerst
den Buch-
rücken ablösen

Nach der Anleitung
auf den Fotos falten
- jede einzelne Seite!!!

Wenn alle Seiten gefaltet sind,
spannt sich der Christbaum von
selbst!!!

Aus alten Büchern gefaltet ...

Lesezirkel

Ist es nicht wunderbar, dass vier Menschen ein- und dasselbe Buch völlig anders lesen und erleben können und daraus ganz verschiedene Schlussfolgerungen ziehen? Unser Buchzirkel trifft sich in dieser alten Fabrik aus dem 19. Jahrhundert. Sigge ist die Vorsitzende und Organisatorin.

Solche Räumlichkeiten sind eine wunderbare Kulisse, wenn man die tieferen Aspekte des Lebens diskutiert – eine Umgebung, in der man sich wohlfühlt, hilft dabei, zu entspannen und sich auf das Thema einzulassen. Doch das Gelingen so eines literarischen Abends hängt auch immer von den Beteiligten ab. Wir trinken eine Auswahl von verschiedenen Bieren und essen dazu Bratwurst, die Sigge und ich selbst gemacht haben.

Die Wurst ist recht trocken und hat einen hohen Fleischanteil. Der würzige Rosmarin gibt ihr einen Hauch von Frische und passt gut zu dem schweren Bier. Bier und Wurst aus eigener Herstellung – Luxus und Sünde zugleich!

Die Diskussion ist in vollem Gange. Diesmal geht es um Inzest, Misshandlung und kulturelle Konflikte. Ist es nicht sonderbar, wie leicht wir uns hinter Gepflogenheiten, Sitten und Gebräuchen verstecken? Ein zeitloses und wichtiges Thema. Daher ist es immer besonders interessant zu erleben, wie weit die Meinungen bei der Diskussion des Buches auseinandergehen. Ich mag so etwas ja!

Mitglied in einem Buchzirkel zu sein, ist nicht nur interessant, es bildet auch weiter und ist überhaupt unbeschreiblich cool! Na ja ... und manchmal ist es auch ziemlich aufwühlend.

Das nächste Buch wird neuen Sprengstoff, neue Herausforderungen und neue Diskussionen bringen – und ich freue mich schon sehr darauf.

Fingerfood

Das Rezept für das Flachbrot finden Sie im Sommerkapitel auf Seite 75.

Etwas fummelig, aber extrem lecker: Kirschtomaten aushöhlen, Chilipulver mit Frischkäse verrühren, die Tomaten damit füllen und in Balsamico-Essig und Olivenöl einlegen.

Lamm-Bratwurst

- 1 kg Lammhack
- 800 g bunter Speck, fein gehackt
- 1 rote Zwiebel
- 3 Knoblauchzehen
- 200 g Fetakäse, zerbröckelt
- 300 g geriebener Parmesan
- 2 TL Salz
- schwarzer Pfeffer
- 1 EL brauner Zucker
- 100 ml Olivenöl
- Schweinedarm

Hack und Speck gut verkneten. Zwiebel und Knoblauch fein hacken und zu dem Fleisch geben. Dann Käse, Gewürze und Öl einarbeiten. Den Teig einmal durch den Fleischwolf drehen. Er lässt sich leichter verarbeiten, wenn man ihn vorher eine Weile in den Kühlschrank stellt. Den Schweinedarm mit der Wurstmasse füllen und in den gewünschten Abständen je einen Knoten in den Darm schlagen, damit sich kleine Würstchen bilden. Den Darm vor dem Braten einige Male mit dem Zahnstocher einstechen, damit er nicht platzt.

Lamm-Bratwurst

Alte Bierkisten = Beistelltische

Kerzenhalter

Alte Holzkisten, in denen früher Wein, Zucker, Kartoffeln oder Bier transportiert wurden, werden zu dekorativen Tischen und Regalen.

Teelichter in einem Sammelsurium von schönen Gläsern und ein Kerzenhalter, der auf einem alten Buch befestigt wurde, sorgen für die passende Beleuchtung.

Die Blätter haben wir von unserer alten Zimmerpalme gerettet, als diese durch Zurückschneiden verjüngt werden musste.

Weihnachten zu Hause

*Sigge und ich würden am liebsten ein Weihnachtsfest wie bei „Downton Abbey" feiern ...
Wenn die Tage immer kürzer werden und draußen klirrende Kälte herrscht, schmücken wir
das Wohnzimmer mit bunten Federn und glitzerndem Kristall. Auf der ganzen nächtlichen
Winterhalbkugel werden die Lichter angezündet, denn irgendwie wächst das Bedürfnis, sich mit Licht
und Glitzer zum umgeben. Weihnachten kommt unaufhaltsam näher und tief im Unterbewusstsein
regt sich die freudige Erwartungsstimmung der Adventszeit.*

Dieses Jahr gibt der Stil von „The House of Eliot" und Downton Abbey" den Ton an. Wir hängen verschiedene Stoffe mit Blumenmuster an der Schmalseite unseres Wohnzimmers auf, um den prächtigen, betörenden Zauber unserer Lieblingsserien nachzuempfinden.
    Um die dumpfe Pracht dieser Epoche heraufzubeschwören, haben wir unsere eigenen Schränke und die unserer Freunde geplündert und die Flohmärkte abgesucht. Wir brauchten vier Stoffbahnen, um die sonst weiße Wand vollständig zu bedecken. Mit einer Heftpistole war das eine schnelle, flexible und vor allem preiswerte Angelegenheit. Wie immer haben wir Kristall und Porzellan bunt durcheinander gewürfelt. Die Federn stammen aus dem Blumengeschäft um die Ecke und aus dem Party-Fachgeschäft. Als Tischdekoration haben wir antike Glasglocken und Christbaumkugeln zweckentfremdet.

Wir lassen Rosen, Hyazinthen und Amaryllis blühen, als Schnittblumen sowie als Topfpflanzen, in Vasen, Sammeltassen und in einem antiken Vogelbauer. In unserer Wohnung gibt es einen offenen Türbogen, ein typisches Relikt der 1980er-Jahre, der irgendwie weder besonders einladend noch praktisch ist. Wir haben eine Gardinenstange darüber angebracht und mit Samt und Seide behängt – und schwupp! fühlt sich das Wohnzimmer an wie eine Opernloge! Es überhaupt wichtig, sich neue, schöne und vor allem individuelle Lösungen einfallen zu lassen. Sigge und ich wünschten uns ein Weihnachten wie in Downton Abbey, also erschufen wir uns mit Heftpistole, Stoffen, Gardinenstangen und Fantasie unsere ganz persönliche Version! Wir laden ganz hochherrschaftlich zum Festschmaus mit Glögg und natürlich mit Geschenken. Der Christbaum ist mangels Platz nur ein Tisch-Modell, doch er hat einen Wurzelballen und wandert daher nach den Festtagen wieder auf den Balkon – bis zum nächsten Weihnachtsfest.

Kein Weihnachtsessen ohne „Janssons Versuchung"!

Janssons Versuchung

Ich schneide dafür mehlig kochende Kartoffeln ungeschält in dicke Stäbchen und schichte diese in eine ofenfeste Form. Auf jede Schicht kommen ein paar Anchovisfilets, etwas Flüssigkeit aus dem Anchovisglas und reichlich Sahne. Bei mir werden es meist 3 Schichten und ich brauche dafür rund 1,5 Kilogramm Kartoffeln, 1500 ml Sahne und 5 Gläser Anchovis.

Dieser Kartoffelauflauf gelingt am besten, wenn er so lange wie möglich im Backofen bleiben darf. Ich gare ihn bei 220 °C, bis er anfängt, Farbe zu bekommen. Dann senke ich die Temperatur auf 175 °C und lasse ihn stehen, solange es geht, jedoch mindestens ein paar Stunden. Wenn die Oberfläche zu dunkel wird, mit Alufolie abdecken oder die Temperatur weiter senken.

Hering mit Meerrettich

200 ml Crème fraiche
100 ml milder Joghurt
3 EL geriebener Meerrettich (oder nach Geschmack)
1 Prise Salz
2 Gläser eingelegter Hering

Den Hering abtropfen lassen und in mundgerechte Stücke schneiden. Die übrigen Zutaten zu einer Sauce rühren und den Hering vorsichtig unterheben, damit er nicht zerfällt. Vor dem Servieren ein paar Stunden in den Kühlschrank stellen.

Kohlsalat

Rotkohl und Mohrrüben in feine Streifen hobeln. Mit Grünkohl und Granatäpfelkernen mischen und mit dem Saft von zwei Zitronen und einer Orange übergießen, mit einer Prise grobem Meersalz abrunden. Ein farbenfroher Salat, der auch ganz besonders lecker schmeckt.

Bratwurst

1 kg Schweinenacken
800 g Bauchfleisch
Rotwein
1 Zwiebel
3 Knoblauchzehen
300 g Pastinaken
2 TL Salz
Schwarzer Pfeffer
2 Rosmarinzweige
2 EL Honig
100 ml Olivenöl
Schweinedarm

Das Fleisch in kleine Stücke schneiden, in eine Schüssel legen und mit Rotwein aufgießen, bis es ganz bedeckt ist. Mindestens einen Tag lang in den Kühlschrank stellen. Zwiebel und Pastinaken weich kochen, den Knoblauch ganz zuletzt zugeben. Fleisch und Gemüse je zweimal durch den Fleischwolf drehen. Die Wurstmasse würzen und gut durchkneten. Den Schweinedarm mit der Wurstmasse füllen und im gewünschtem Abstand jeweils einen Knoten in den Darm schlagen.
Vor dem Braten ein paarmal mit dem Zahnstocher einstechen, damit der Darm nicht platzt.

Kräuterbrot

100 g Butter
2 Fl. Porter (Bier)
1 Fl. Julmust (IKEA)
200 ml dunkler Sirup
2 EL Salz
200 g Rosinen
1 TL Nelkenpulver
2 EL Ingwer
100 g Hefe
1 kg gesiebtes Roggenmehl (Typ 960)
1 kg gesiebtes Weizenmehl (Typ 1050)

Die Butter in einem Topf zerlassen. Julmust, Porter, Sirup, Rosinen und Gewürze dazu geben, alles auf ca. 37 °C erwärmen. Hefe zerbröseln und zuerst die warme Flüssigkeit, dann das Mehl darüber geben. Alles zusammen in der Küchenmaschine verkneten, bis der Teig glatt und geschmeidig ist und sich von der Schüssel zu lösen beginnt. Den Teig mit einem sauberen Handtuch bedecken und 45 Minuten gehen lassen. Dann zu 4 Laiben formen und nochmals 30 Minuten gehen lassen. In Kastenformen oder in einer gefetteten Brotpappe bei 225 °C etwa 35–40 Minuten backen. Wenn die Kruste zu dunkel wird, während der restlichen Backzeit mit Alufolie bedecken.

Draußen decken!

„Einszweidrei ...

... im Sauseschritt läuft die Zeit; wir laufen mit" sagte schon Wilhelm Busch. Ich kann mich noch an die Zeit erinnern, als die Sommerferien eine schier unendliche Zeitspanne waren und uns selbst eine Woche Klassenreise wie eine kleine Unendlichkeit vorkam. Heute ist eine Woche in einem Augenblick vergangen, ein Monat Ferien in einem Atemzug ... Wann genau hat diese Beschleunigung eigentlich angefangen? Fakt ist jedenfalls, dass die Zeit einfach unglaublich schnell vergeht.

Darum – und vor allen Dingen darum – lege ich inzwischen großen Wert darauf, das Neujahrsfest gebührend zu feiern und möglichst unvergesslich zu machen. Denn so haben wir das ganze Jahr über eine Erinnerung daran, wie schön es begonnen hat – egal, wie schnell es dann wieder vergeht!
 Wir feiern jedes Jahr draußen im Freien – egal ob es regnet, stürmt oder schneit. Das ist so Tradition bei uns, nur das Festmotto wechselt dabei von Jahr zu Jahr.

Dieses Jahr schmücken wir die Festtafel mit allerlei gesammeltem Metallschrott, den wir mit Zweikomponentenkleber oder Alleskleber zu fantasievollen Kerzenhaltern zusammenkleben.
 Dazu passt ein Hauch von „Phantom der Oper" mit schwarzen und weißen, glitzernden Masken, die der ganzen Szene etwas Magisches verleihen. Omas alte Stehlampen aus dem Keller geben prächtige Kandelaber ab. Der Champagner wird mit einem Löffel reinem Schnee in Kristallkelchen serviert und Massen von Federboas sorgen für Opulenz und Wärme.

Der weitere Verlauf des Festes wird einzig und allein von den Gästen und der Stimmung gestaltet, doch eins ist sicher: Silvester bei Sigge und mir wird immer fantastisch! Und ganz egal, wie sich das neue Jahr dann weiter entwickelt: Wir haben immer eine schöne Erinnerung daran, wie es angefangen hat!

Stehlampen-Kandelaber

Das alte neue Jahr

Phantom der Oper

Phantasievolle Kerzenhalter aus Metallschrott

Masken & Flitter

Semmeldagen

Am Faschingsdienstag feiern wir in Schweden „Semmeldagen" — den Tag der Semmeln. Diese haben allerdings wenig mit den deutschen Semmeln zu tun, sondern sind Krapfen ähnlicher. Sie werden nicht frittiert, sondern im Ofen gebacken und man isst sie gefüllt mit Mandelmasse und Bergen von Schlagsahne. Und wenn man Selma oder Sigge heißt, trinkt man ein oder auch zwei Gläschen Whisky oder Portwein dazu. Ich finde übrigens, dass es nicht unbedingt selbst gebackene Krapfen sein müssen — wichtig ist, sie mit Stil zu servieren!

Ich frage mich ohnehin, warum selber backen immer so hochgelobt wird. Wenn man dafür Talent hat, gut und schön — aber in meinem Fall kommt es oft genug vor, dass ich mich bei den Zutaten irre oder das Rezept nicht richtig verstehe …

Ich habe ein Händchen dafür, prächtige Feste auszurichten, aber meine Stärke ist dabei das Organisieren und Dekorieren, nicht das Kochen und Backen, das sorgfältige Abmessen von Zutaten.

Im Gegensatz dazu ist Sigge eine Naturbegabung, was das Backen betrifft. Sie kann sich dabei wunderbar entspannen und ihre Kuchen, Semmeln und Krapfen sehen nicht nur perfekt aus, sondern schmecken auch ganz einfach himmlisch! Wenn es jedoch ums Verzehren von Semmeln, Krapfen und anderen festlichen Köstlichkeiten geht, macht mir keiner etwas vor – von mir aus könnte jeden Tag Semmeltag sein!

Für leckere Krapfen braucht man keinen besonderen Anlass!

Sind Sie auch so ein Backmuffel wie ich? Dann kaufen Sie süße Hefebrötchen beim Bäcker, schneiden oben einen „Deckel" ab und höhlen den Wecken aus. Mischen Sie den Teig mit gesüßter Milch und geriebenen Mandeln und füllen die Mischung in den Wecken. Darauf kommt reichlich Schlagsahne und zuletzt wird der Deckel wieder aufgesetzt.

Meine Mutter hat mir früher ihre selbstgebackenen, schon ein paar Tage alten Krapfen mit einer Schale warmer Milch zum Eintunken vorgesetzt. Das esse ich noch heute gern, denn dabei werden glückliche Erinnerungen an meine Kindheit wach.

Nehmen Sie sich Zeit und Muße, um diese üppigen Köstlichkeiten mit Andacht zu genießen – und machen Sie immer gerade nur soviel, dass die Lust auf mehr bleibt!

Zu den Krapfen serviere ich gern ein Glas Whisky oder Portwein.

Glaub an dich & sieh der Welt ins Auge!

Zu wagen, die Flügel auszubreiten und daran zu glauben, dass man Jemand ist — darum geht es doch im Leben! Doch dann wachen wir morgens noch recht zufrieden auf, die Welt ist in Ordnung, jedenfalls so einigermaßen ... bis wir ins Badezimmer tappen und unser schlaftrunkenes Gesicht im Spiegel sehen. Ach du lieber Schreck!

Wer ist das da im Spiegel und wo ist die hollywoodverdächtige Diva hin, die stets schön und gepflegt bis in die Fingerspitzen in Federpantoffeln durch die Wohnung scharwenzelt? Wann hat sich der Schwan wieder in das hässliche Entlein zurückverwandelt, mit tränenden Augen, Doppelkinn und immer enger werdendem Rock- oder Hosenbund? Jeder Blick in den Spiegel reißt uns unsanft in die Wirklichkeit zurück und demontiert das schöne Selbstbild, das wir im Kopf mit uns herumtragen.

Doch nicht verzagen, es ist alles halb so schlimm, wie es aussieht. Einfach tief Luft holen, die Krone zurechtrücken und beschließen, dass man eine famose, schöne und liebenswerte Person ist, so, wie man ist!

— *Fake it till you make it.*

Natürlich ist das nicht so leicht, wie es sich anhört. Aber es funktioniert tatsächlich: Wenn wir uns so verhalten, als würden wir von der ganzen Welt geliebt und hätten wenig Selbstzweifel, dann tendiert unser Leben dazu, sich danach auszurichten. Und das gilt für mich nicht nur dann, wenn ich allein bin, sondern auch dann, wenn ich mich in Gesellschaft anderer Menschen befinde.

Sich nach dem Licht zu strecken und an sich selbst zu glauben ist, wenn nicht lebensbestimmend, dann auf alle Fälle lebensrettend. „Lebe dein Leben, glaub an dich und sieh der Welt ins Auge, denn du bist es wert!" — das sollte unser aller Lebensmotto sein. Wir möchten Sie mit diesem Buch dazu inspirieren, es einfach zu wagen, Ihre eigenen Träume und Ziele zu verfolgen — und es war uns ein großes Vergnügen, unsere Ideen und Gedanken mit Ihnen teilen zu dürfen!

Alles Gute!
Selma und Sigge
Malin und Cecilia

Rezeptregister

Frühling

- Brennnesselsuppe 37
- Feta-Ecken 37
- Lamm-Marinade 23
- Matjes in Kaviar-Sahnesauce 23
- Tapenade 22
- Ziegenkäseaufstrich . . . 22

Sommer

- Brokkoli-Bohnen-Salat 85
- Crème Fraiche-Dip 111
- Flachbrot 75
- Flachbrotchips 78
- Flamingo Owl 115
- Fliederblütensirup . . . 77
- Focaccia 111
- Frischkäsehäppchen . . . 78
- Himbeercreme 101
- Himbeersuppe 100
- Käsegebäck 78
- Kartoffelsalat 111
- Löwenzahnwein 76
- Rhabarber-Konfitüre mit Ingwerminze 75
- Rhabarberchips 78
- Salbei-Pesto 85

Herbst

„Bootssteg"-Porridge . . 159
Fruchtcocktail 158
Frühstücksjoghurt 161
Kürbissuppe 174
Mariannes Hafergrütze 159
Müsli 159
Pfifferlings-Suppe 175
Röstbrot mit Zimt 138
Rosenlikör 136
Rosenbutter 137
Sigges Fischsuppe 142

Winter

Bastel-Glögg 198
Bratwurst 227
Janssons Versuchung . . . 225
Kohlsalat 226
Kräuterbrot 227
Lamm-Bratwurst 212
Meerrettich-Hering . . . 225
Semmeln/Semlor 243

Originalausgabe:
Selma & Sigge
© 2015 Votum & Gullers Förlag, Karlstad, Schweden
Fotos © Cecilia Hallin
Illustrationen, Styling, Text © Malin Leijonberg
ISBN 978-91-87283-56-7

Deutsche Ausgabe:
© Busse Verlag GmbH, Bielefeld, 2016
Übersetzung: Frauke Watson, Ballaugh, Isle of Man
Druckvorstufe: AW-Grafik, Detmold
Druck und Verarbeitung: DZS Grafik, Ljubljana, Slowenien
ISBN 978-3-512-04069-6
All rights reserved.

www.bussecollection.de